ESTAÇÕES DE VIDA E MORTE
RASTROS DE PREVENÇÃO AO SUICÍDIO

Editora Appris Ltda.
1.ª Edição - Copyright© 2024 do autor
Direitos de Edição Reservados à Editora Appris Ltda.

Nenhuma parte desta obra poderá ser utilizada indevidamente, sem estar de acordo com a Lei nº 9.610/98. Se incorreções forem encontradas, serão de exclusiva responsabilidade de seus organizadores. Foi realizado o Depósito Legal na Fundação Biblioteca Nacional, de acordo com as Leis nᵒˢ 10.994, de 14/12/2004, e 12.192, de 14/01/2010.

Catalogação na Fonte
Elaborado por: Dayanne Leal Souza
Bibliotecária CRB 9/2162

D541e 2024	Dias Sbeghen, Edson Pilger
	    Estações de vida e morte: rastros de prevenção ao suicídio / Edson Pilger Dias Sbeghen. – 1. ed. – Curitiba: Appris, 2024.
	    200 p. : il. ; 23 cm. – (Coleção PSI).
	
	    Inclui referências.
	    ISBN 978-65-250-6387-4
	
	    1. Suicídio. 2. Biopolítica. 3. Neoliberalismo. I. Dias Sbeghen, Edson Pilger. II. Título. III. Série.
	
	                                        CDD – 179.7

Livro de acordo com a normalização técnica da APA

Appris editora

Editora e Livraria Appris Ltda.
Av. Manoel Ribas, 2265 – Mercês
Curitiba/PR – CEP: 80810-002
Tel. (41) 3156 - 4731
www.editoraappris.com.br

Printed in Brazil
Impresso no Brasil

Edson Pilger Dias Sbeghen

ESTAÇÕES DE VIDA E MORTE
RASTROS DE PREVENÇÃO AO SUICÍDIO

Appris *editora*

Curitiba, PR
2024

FICHA TÉCNICA

EDITORIAL Augusto Coelho
Sara C. de Andrade Coelho

COMITÊ EDITORIAL Ana El Achkar (UNIVERSO/RJ)
Andréa Barbosa Gouveia (UFPR)
Conrado Moreira Mendes (PUC-MG)
Eliete Correia dos Santos (UEPB)
Fabiano Santos (UERJ/IESP)
Francinete Fernandes de Sousa (UEPB)
Francisco Carlos Duarte (PUCPR)
Francisco de Assis (Fiam-Faam, SP, Brasil)
Jacques de Lima Ferreira (UP)
Juliana Reichert Assunção Tonelli (UEL)
Maria Aparecida Barbosa (USP)
Maria Helena Zamora (PUC-Rio)
Maria Margarida de Andrade (Umack)
Marilda Aparecida Behrens (PUCPR)
Marli Caetano
Roque Ismael da Costa Güllich (UFFS)
Toni Reis (UFPR)
Valdomiro de Oliveira (UFPR)
Valério Brusamolin (IFPR)

SUPERVISOR DA PRODUÇÃO Renata Cristina Lopes Miccelli

PRODUÇÃO EDITORIAL Sabrina Costa

REVISÃO Stephanie Ferreira Lima

DIAGRAMAÇÃO Jhonny Alves dos Reis

CAPA Ricardo Garlet, "Caminhos da vida", 2024

REVISÃO DE PROVA Bruna Santos

COMITÊ CIENTÍFICO DA COLEÇÃO PSI

DIREÇÃO CIENTÍFICA Junia de Vilhena

CONSULTORES Ana Cleide Guedes Moreira (UFPA)
Betty Fuks (Univ. Veiga de Almeida)
Edson Luiz Andre de Souza (UFRGS)
Henrique Figueiredo Carneiro (UFPE)
Joana de Vilhena Novaes (UVA |LIPIS/PUC)
Maria Helena Zamora (PUC-Rio)
Nadja Pinheiro (UFPR)
Paulo Endo (USP)
Sergio Gouvea Franco (FAAP)

INTERNACIONAIS Catherine Desprats - Péquignot (Université Denis-Diderot Paris 7)
Eduardo Santos (Univ. Coimbra)
Marta Gerez Ambertín (Universidad Católica de Santiago del Estero)
Celine Masson (Université Denis Diderot-Paris 7)

AGRADECIMENTOS

Agradeço à **vida**, pela oportunidade de transitar nas estações de vida e morte, pelos aprendizados dos encontros existenciais, que pude fazer ao longo de minha jornada, que foram fundamentais para eu me tornar quem sou.

A todos aqueles que caminharam comigo nesta jornada ou que encontrei em alguma das estações; àqueles que me incentivaram a seguir e àqueles que criaram empecilhos. Todos foram fundamentais para eu (re)pensar minha trajetória e recarregar minhas energias para seguir.

À **Mônica** Sbeghen, pela amizade, companheirismo, incentivos, dedicação, paciência, dividindo comigo as alegrias proporcionadas em cada estação. Ela me inspira a lutar todos os dias. Ao **Davi**, que com seu modo de habitar o mundo, floresce as estações de minha vida diariamente. Ao **Miguel**, que chegou na minha vida recentemente e fez meu dia ser mais florido.

Aos meus pais, Jadir e Maria Helena, aos meus irmãos, Lucimar, Josimar, Leomar, Vanilza e Anderson, que me mostraram a importância dos estudos mesmo sem terem tido a oportunidade de estudar.

À professora **Inês**, que me orientou com zelo, carinho, dedicação. Sou grato por todos os aprendizados que me proporcionou nas disciplinas e nas orientações. Sua dedicação à produção acadêmica e científica é exemplar. Agradeço imensamente por me ajudar a fazer deslocamentos nas estações de vida e morte, por me ouvir e me ajudar a esculpir cada ideia, refletindo comigo sobre o meu processo, meus encontros, sobre a pesquisa e o pesquisador.

Aos professores Dr. **Luciano** Bedin da Costa, Dr. **Fernando** de Almeida Silveira e Dr.ª **Flavia** Cristina Silveira Lemos, pela leitura, apontamentos e contribuições na minha tese, que se tornou livro.

Aos colegas do **grupo de pesquisa** Leituras do Contemporâneo e Processos de Subjetivação (LECOPSU), em especial ao **Bruno** Walter, Cristiano Hamann, Fernanda Nicaretta, Adriel Giordani, Evandro Martins, João Farias, Ana Weselovsk. Aos de agora e aos que, em algum momento, fizeram parte da construção desta escrita com indagações, problematizações, possibilitando emergir novas possibilidades e deslocamentos, o que muito contribuiu para a (des)construção da pesquisa e do pesquisador.

Aos meus amigos, especialmente ao **Sidney**, pelo incentivo, ajuda e contribuições. Àqueles todos que não citei, mas que são parte da minha vida. Muito obrigado!

PREFÁCIO

Há certa tradição na filosofia que sustenta que a vida e a obra de um autor devem ser apreciadas separadamente, como se uma fosse independente e exterior à outra. No caso deste livro, o que o leitor tem em mãos é algo completamente distinto. Trata-se de um escrito produzido em um campo de imanência, em que a vida e a obra são coengendradas.

É por intermédio de uma série de encontros, sempre singulares, que Edson Sbeghen, deixando-se afetar pelos acontecimentos, é incitado, convocado, forçado a pensar. Não é sem razão que ele, utilizando-se do método cartográfico, compartilha sua trajetória e movimentos realizados enquanto pesquisador (durante o mestrado e o doutorado), voluntário no Centro de Valorização da Vida (CVV), docente, palestrante e psicólogo.

Ao longo das estações percorridas pelo autor, ele depara-se com materialidades heterogêneas: pessoas, legislações, cartas-testamento, postagens em redes sociais, manuais, produções audiovisuais, reportagens, orientações prescritivas, cartilhas, documentos técnico-científicos, literários, filosóficos, teológicos, dentre tantas outras. Mantendo a profundidade e o rigor investigativo, o autor apresenta um escrito acessível, aproximando-se do leitor ao abordar acontecimentos que se tornaram conhecidos do público em geral como o jogo *Baleia Azul*, a série *13 Reasons Why*, a carta-testamento de Flávio Migliaccio e a Primavera Árabe.

Os rastros das práticas de prevenção ao suicídio, aludidos no subtítulo do livro, são pistas que colocam o pensamento de Edson Sbeghen em movimento, tensionando o que se tornou naturalizado em nossa sociedade, por exemplo, o discurso de que os suicídios são (quase) sempre decorrentes do adoecimento mental ou o pressuposto, geralmente adotado sem maiores questionamentos, do "Efeito Wether".

Os estranhamentos e inquietações que o autor, com coragem, experienciou são dispostos para que, cada um de nós, também possa problematizar não somente práticas sedimentadas, mas, sobretudo, os modos de existência que nos são oferecidos, incitados ou, até mesmo, impostos, em especial, a partir da segunda metade do século XX pelo entrelaçamento entre o biopoder e a governamentalidade neoliberal.

Edson Sbeghen sustenta, ao longo de seu escrito, uma importantíssima questão ético-política, a saber: que as práticas de prevenção ao suicídio não trazem consigo, necessariamente, nenhum compromisso com a potencialização da vida. Ou seja, é possível que elas estejam a serviço da manutenção de um tipo de vida concentrada na sobrevivência, de uma vida descartável, vegetativa, desidratada, de baixa intensidade, de uma existência apagada.

Em consonância com grandes pensadores como Spinoza, Nietzsche, Foucault, Guattari e Deleuze, ele busca, então, afirmar uma vida que cresce em potência, uma vida inventiva, aberta aos afetos e aos acontecimentos, reconhecendo que, no limite, em algumas situações, isso pode ocorrer, inclusive, e paradoxalmente, quando se interrompe a própria vida.

As estações de vida e morte que compõem este livro são convites para, por meio de encontros inusitados, observarmos mais atentamente a sociedade em que vivemos — e os modos de vida que nela estão colocados e que sufocam, estrangulam as potências de vida. E, ao mesmo tempo, é um convite para pensarmos/construirmos uma sociedade outra — mais inclusiva, acolhedora, potencializadora da vida, que crie condições para que as pessoas possam querer viver.

O autor não se furta a visibilizar as condições de vida cada vez mais precárias geradas e geridas pela governamentalidade neoliberal, por meio da qual, responsabilizando-se o indivíduo pelos seus sucessos e fracassos, implementaram-se, por exemplo, as reformas trabalhista e previdenciária, desmantelando-se, assim, políticas públicas e de bem-estar social. Antes, ele as denuncia, aliando-se àqueles que, diariamente, enfrentam as forças de morte que drenam as potências de vida, gritando: "Devolvam nossa esperança".

Dr. Bruno Eduardo P. Walter

Doutor em Psicologia Social e Institucional pela Universidade Federal do Rio Grande do Sul (UFRGS). Mestre em Psicologia e Mestre em Administração pela Universidade Estadual de Maringá (UEM). Formação de Psicólogo pela Universidade Federal do Paraná (UFPR). Bacharel em Teologia pela Faculdade Teológica Batista do Paraná (FTBP).

SUMÁRIO

ESTAÇÃO DE PARTIDA...11
Capítulo 1 – Estação metodológica: em busca de novas experiências 37
Capítulo 2 – Estação dos (des)encontros...37
Capítulo 3 – A construção do suicídio enquanto doença mental.................38
Capítulo 4 – Não é suicídio, se você já está morto por dentro...................38
Capítulo 5 – Prevenção ao suicídio 38

1
ESTAÇÃO METODOLÓGICA: EM BUSCA DE NOVAS
EXPERIÊNCIAS...39

2
ESTAÇÃO DOS (DES)ENCONTROS.. 61

3
A CONSTRUÇÃO HISTÓRICA SOBRE O SUICÍDIO.........................79
3.1 O suicídio como pecado...92
3.2 O suicídio como consequência de adoecimento mental.....................101

4
NÃO É SUICÍDIO SE VOCÊ JÁ ESTÁ MORTO POR DENTRO.............109
4.1 Morreu de Brasil 116
4.2 O empresariamento de si 122
4.3 Devolvam nossa esperança...130
4.4 Morri por dentro 142

5
(DES)COMPASSOS DA PREVENÇÃO AO SUICÍDIO NO BRASIL........145
5.1 A prevenção do suicídio no Brasil no âmbito das políticas públicas 152
5.2 A necropolítica como estratégia 173

ESTAÇÃO FINAL...183

REFERÊNCIAS...187

ESTAÇÃO DE PARTIDA

O presente livro é resultado de uma pesquisa de doutoramento. Foi no intuito de continuar pesquisando a temática do suicídio, iniciada no mestrado, que ingressei no doutorado, no Programa de Pós-Graduação em Psicologia Social e Institucional (PPGPSI), da Universidade Federal Rio Grande do Sul (UFRGS). Ao longo desta trajetória, houve deslocamentos no modo de compreender a temática pesquisada, o que me exigiu mudanças na posição de pesquisador e na atuação que desempenhava no campo da prevenção ao suicídio. Esta escrita é fruto de um processo de estranhamento das práticas de prevenção ao suicídio no contemporâneo, que foi sendo possibilitado ao longo do doutoramento. Acredito que o conhecimento é processual, fruto de uma construção coletiva, inseparável do próprio movimento da vida e dos afetos.

Desse modo, busco, a partir de meu envolvimento com a temática pesquisada, mapear e acompanhar processos de construção de práticas de prevenção ao suicídio, emergentes a partir do final do século XX, descrevendo-as em uma perspectiva cartográfica, método proposto por Deleuze e Guattari (1995), e analisando-as a partir da caixa de ferramentas de Michel Foucault. Isso porque "entendemos que concerne à psicologia social colocar em questão o que somos no presente – e que tal intento só pode ser buscado com alguma consistência se assumimos a complexidade de nossa condição" (Borba & Hennigen, 2015, p. 254) e que os cruzamentos interdisciplinares, potencializa tal compreensão.

Ao longo de sua obra, Michel Foucault nos fornece inúmeras ferramentas conceituais. Por isso, pude entrar em contato com algumas ao longo do processo de doutoramento. Elas provocaram deslocamentos no meu modo de olhar e compreender o suicídio, uma vez que pesquisar é se subjetivar, pensar de outro modo aquilo que se propõe a pesquisar. Como analisou Foucault (2017, p. 234), se uma pesquisa "não é, ao mesmo tempo, uma tentativa de modificar o que se pensa, ou mesmo o que se é, não é muito interessante".

Durante o percurso de doutoramento, na medida em que avançava com leituras, diálogos com os colegas, professores, conversas nos corredores das universidades, nos encontros com as mais variadas pessoas e nas orientações, fui me dando conta de que a trama que circunda os suicídios é ampla e complexa. Logo, fez-se necessário tensionar o modo como eu compreendia o suicídio e os serviços de prevenção em que estava inserido e (re)pensar as concepções e perspectivas que orientavam minhas práticas. Isso compreendo hoje, após historicizar o conceito de suicídio e as práticas de prevenção que associaram esse tipo de morte à doença mental.

Prado Filho (2012, p. 123) analisa o conceito de historicizar enquanto ferramenta metodológica e nos lembra de que "a partir do século XIX é imperativo recorrer à História para pensar e criticar nosso mundo e aquilo que somos". Em um exercício crítico do pensamento, busca-se "expor a historicidade dos acontecimentos, objetos e relações de forma crítica, analisar descontinuidades e diferenças entre experiências históricas, assinalando rupturas, desvios de trajeto, bifurcações, encobrimentos" (Prado Filho, 2012, p. 123). Tomo como pressuposto que o ato de pôr fim à vida é uma prática regular, presente em toda a história da humanidade (Foucault, 2017), e que, devido ao crescente índice, passou a ser considerado um problema de saúde pública mundial a partir do final do século XX (OMS, 2000a). Frente a isso, entendo que no contemporâneo estão postas algumas condições que mudam a forma de conceber, abordar e, evidentemente, buscar governar condutas que possam impedir esse tipo de morte.

Foucault (2017, p. 149), ao analisar os deslocamentos e (des)continuidades que envolvem a gestão da vida e da morte, observa que "agora é sobre a vida e ao longo de todo o seu desenrolar que o poder estabelece seu ponto e fixação; a morte é o limite, o momento que lhe escapa". A esse poder, o filósofo chamou biopolítica, afirmando que não deve surpreender que o suicídio, um ato "tão estranho e, contudo, tão regular, tão constante em suas manifestações, portanto tampouco explicável pelas particularidades ou acidentes individuais, foi uma das primeiras surpresas de uma sociedade em que o poder político acaba de assumir a tarefa de gerir" (Foucault, 2017, p. 149).

Uma referência inicial à biopolítica aparece de forma explícita em "O nascimento da Medicina Social", conferência proferida por Foucault, em 1974, no Rio de Janeiro, quando ele afirma que o controle social se efetuava "dentro e com o corpo (Foucault, 2011). Para a sociedade capitalista, importava, antes de tudo, a biopolítica, o biológico, o somático, o corporal", sendo a Medicina uma estratégia biopolítica (Foucault, 2011, p. 405).

Foucault já vinha trabalhando com o conceito de biopoder e, no início do curso de 1977-1978, o retoma e o explica como "o conjunto dos mecanismos pelos quais aquilo que, na espécie humana, constitui suas características biológicas fundamentais vai poder entrar numa política, numa estratégia política, numa estratégia geral do poder" (Foucault, 2008, p. 3).

Assim, dedica-se a discutir o que nomeia de mecanismos de segurança — no contraponto com os disciplinares — para lançar-se no projeto de uma história da governamentalidade.

> Por esta palavra, "governamentalidade", entendo o conjunto constituído pelas instituições, os procedimentos, análises e reflexões, os cálculos e as táticas que permitem exercer essa forma bem específica, embora muito complexa, de poder que tem por alvo a população e, por principal forma de saber a economia política, e por instrumento técnico essencial os dispositivos de segurança. Em segundo lugar, por governamentalidade entendo a tendência, a linha de força que, em todo o Ocidente, não parou de conduzir, e desde há muito, para a preeminência desse tipo de poder que podemos chamar de "governo" sobre todos os outros – soberania, disciplina – e que trouxe, por um lado, o desenvolvimento de toda uma série de aparelhos específicos de governo [e, por outro lado,] o desenvolvimento de toda uma série de saberes. Enfim, por "governamentalidade", creio que se deveria entender o processo, ou antes, o resultado do processo pelo qual o Estado de justiça da Idade Média, que nos séculos XV e XVI se tornou o Estado administrativo, viu-se pouco a pouco "governamentalizado" (Foucault, 2008, pp. 143-144).

Foucault nos aponta a tomada do poder sobre o homem enquanto ser vivo como sendo um dos fenômenos fundamentais do século XIX, assinalando uma importante modificação na forma de governar e controlar a vida. Antes, na teoria clássica da soberania, o direito de vida e de morte era um dos atributos fundamentais do soberano, pois ele "pode fazer morrer e deixar viver", que só se exerce a partir do momento em que o soberano pode matar: "é porque o soberano pode matar que ele exerce seu direito sobre a vida" (Foucault, 2018, p. 202). Nesse sentido, Foucault vai enfatizar a transformação na forma de governar a vida: se antes, na soberania, era "fazer morrer e deixar viver", o campo de intervenções biopolíticas passa a ser guiado pelo "fazer viver e deixar morrer".

O suicídio, contrário ao princípio biopolítico do "fazer viver", passa a ser apontado como um grande problema de saúde pública mundial nas últimas décadas do século XX, conforme a Organização Mundial da Saúde (OMS). Quando essa instituição surgiu, em 1948, o suicídio já era colocado como um problema a ser resolvido. Um dos objetivos da OMS, desde o seu surgimento, foi orientar as políticas internacionais de saúde de forma permanente. Como aponta Scliar (2007, p. 37), a concepção de saúde da OMS é definida como "o estado do mais completo bem-estar físico, mental e social e não apenas a ausência de enfermidade". Scliar faz uma análise histórica sobre o conceito de saúde, apontando que ele reflete aspirações nascidas nos movimentos sociais do pós-guerra, onde a "saúde deveria expressar o direito a uma vida plena, sem privações. Um conceito útil para analisar os fatores que intervem sobre a saúde, e sobre os quais a saúde pública deve, por sua vez, intervir" (Scliar, 2007, p. 37).

A OMS (1969a) relatou na Quinta Assembleia Mundial da Saúde, em 1952, a necessidade de desenvolver estudos envolvendo saúde pública, assistência médica e previdência social, já que os problemas de saúde da população interferem na questão econômica. Entretanto, muitos países em desenvolvimento, participantes da OMS, devido à falta de informação e de bancos de dados, não conseguiam desenvolver algumas das análises sugeridas. Isso dificultava conhecer os efeitos dos investimentos na vida, no que se refere às despesas de saúde, bem como às comparações entre os países, sobre os modos de vida, os serviços de saúde, financiamentos, as diferentes atitudes da população, entre outros. Essa preocupação (despesas de saúde) se articula com os cálculos que a biopolítica passou a fazer sobre a vida.

Essa instituição publicou um relatório, no final dos anos 60, com resultados de aproximadamente dez anos de estudos, apresentando métodos para classificar e interpretar os gastos com saúde, aplicáveis internacionalmente. O estudo abrangeu o papel desempenhado pelos serviços de saúde e sanitários na economia nacional; versou sobre os custos, os encargos financeiros que cabem às autoridades públicas, seguradoras e outras pessoas jurídicas e, em última instância, aos usuários, na forma de impostos, contribuições e pagamentos diretos (OMS, 1969a).

Em 1969, a OMS (1969b) publicou outro estudo, chamando a atenção das autoridades sanitárias para as questões vinculadas aos suicídios e sobre a possibilidade de desenvolver um plano de prevenção. Nesse documento, o suicídio aparece como um problema de saúde pública que precisa de atenção e estratégias de intervenção, bem como um problema econômico. Vale destacar que esse material, assim como o surgimento da OMS, está intimamente vinculado aos propósitos de reestruturação dos países afetados pela Segunda Guerra e à erradicação de algumas doenças que afetavam principalmente o comércio internacional.

Em uma sociedade em que os cálculos estatísticos perpassam todos os estratos da vida, avalia-se o impacto do suicídio nas atividades socioeco-

ESTAÇÕES DE VIDA E MORTE: RASTROS DE PREVENÇÃO AO SUICÍDIO

nômicas e no capital humano, como aponta Cerqueira et al. (2007, p. 44), ao elaborar um estudo para o Instituto de Pesquisa Econômica Aplicada (IPEA): "suicídios apresentam uma perda total de R$ 1,3 bilhão. Em termos de valores médios de perda de capital humano, um custo de aproximadamente R$ 163 mil por vítima, ao ano, para suicídios". Não deixar morrer por suicídio, nessa arte de governar, é também uma estratégia para não descapitalizar. Logo, faz-se imprescindível criar estratégias produtivas e/ou de baixo custo, para a gestão do sofrimento, associado, de forma reducionista, como sendo consequência de doenças/transtornos mentais.

De acordo com a OMS (2013), os transtornos mentais, neurológicos e por uso de substâncias corresponderam a 13% do total global de doenças no ano de 2004. A depressão foi o principal transtorno, correspondendo a 4,3% da totalidade da carga global de doenças e está entre as maiores causas de incapacidade em todo o mundo (11% de todos os anos vividos com incapacidade em todo o mundo), especialmente para as mulheres. Muitas são as consequências disso, dentre elas, a OMS apontou as econômicas:

> [...] as perdas para a saúde são igualmente grandes: um estudo recente estimou que o impacto global cumulativo dos transtornos mentais em termos de produção econômica perdida será de US $ 16,3 milhões entre 2011 e 2030 (OMS, 2013, p. 08, tradução minha).

Em 1999, a OMS lançou o primeiro programa de prevenção ao suicídio, o *Suicide Prevention Program* (SUPRE): uma iniciativa mundial para os cuidados acerca do suicídio, que objetivava reduzir a mortalidade e morbidade devido a comportamentos suicidas, quebrar o tabu em torno do suicídio e reunir autoridades e o público para superar este desafio (OMS, 2000a). Os dados divulgados na ocasião do lançamento do SUPRE indicam que, no período de 45 anos, as taxas de suicídio haviam aumentado em 60% em alguns países (OMS, 2000a). Na última metade do século XX, os índices de suicídio elevaram-se e continuaram a crescer em escala global (OMS, 2006; Botega, 2014; Brasil, 2017). Isso coincide com mudanças sócio-político-econômicas importantes que criaram condições para o surgimento e o desenvolvimento da arte neoliberal de governar.

Compreendo o neoliberalismo como sendo uma "arte de governar". Essa arte de conduzir condutas abarca todas as esferas da vida e visa gerar tipos distintos de sujeito, modos de ser, de habitar o mundo, de se relacionar consigo e com os outros, bem como com os acontecimentos ao seu redor. Pudemos aprender, a partir de Foucault (2019), que a racionalidade neoliberal produz subjetividade e que determinadas estratégias empresariais passam a ser incorporadas por indivíduos, visando potencializar a produtividade de cada um. Como analisam Hennigen, Walter e Paim (2017), todos nós somos constantemente incitados a participar ativamente do sistema capitalista neoliberal e intensificar cada um de seus fluxos.

Berardi (2017), filósofo italiano que frequentou cursos de Foucault e trabalhou junto com Félix Guattari, afirma que não pode ser por acaso o fato de que, nos últimos 40 anos, o suicídio tenha crescido enormemente (em particular entre os jovens) e nos convida a olhar para as transformações nos modos de vida, a partir dessa "arte de conduzir condutas". Em sua compreensão, o crescimento dos índices de suicídio está interligado com o neoliberalismo. Isso dialoga com a compreensão de Safatle, Silva Junior e Dunker (2020), ao afirmarem que o sofrimento psíquico, além de ser produzido no neoliberalismo, é gerido por ele. Diante disso, sinto-me instigado a refletir e tensionar práticas de prevenção ao suicídio emergentes nas últimas décadas e presentes no Brasil, analisando se o *phatos* (sofrimento) está relacionado à precariedade das condições de vida desencadeadas pelo neoliberalismo.

Como parte do SUPRE, foi lançada uma série de manuais destinados a grupos sociais e profissionais considerados relevantes para a prevenção do suicídio, dentre eles, "profissionais da saúde, educadores, agências sociais, governos, legisladores, comunicadores sociais, representantes da lei, famílias e comunidades" (OMS, 2000b, p. 01). Desde então, muitas outras políticas públicas, documentos e guias foram publicados, chamando a atenção da sociedade em geral sobre a temática do suicídio, propagando que a prevenção de comportamentos suicidas é uma tarefa para todos.

No contexto brasileiro, como resposta às ações solicitadas no SUPRE, por meio da Portaria n.º 1.876, de 14 de agosto de 2006, instituem-se as Diretrizes Nacionais para Prevenção do Suicídio (Brasil, 2006), a serem implantadas em todo o território nacional, levando em consideração que "o fenômeno do suicídio é um grave problema de saúde pública, que afeta toda a sociedade e que pode ser prevenido". Também considera a importância epidemiológica e a relevância do quadro de comorbidades e transtornos associados ao suicídio e suas tentativas em populações vulneráveis. A classificação de "vulneráveis" está alinhada à compreensão que a OMS (2000b) tem e publica no SUPRE. Dentre eles:

> [...] indivíduos com transtornos psíquicos, especialmente as depressões; indivíduos que já tentaram suicídio; usuários de álcool e outras drogas; populações residentes e internadas em instituições específicas (clínicas, hospitais, presídios

> e outros); adolescentes moradores de rua, gestantes e/ou vítimas de violência sexual; trabalhadores rurais expostos a determinados agentes tóxicos e/ou a *precárias condições de vida*; indivíduos portadores de doenças crônico-degenerativas; indivíduos que convivem com o HIV/AIDS e populações de etnias indígenas, entre outras. (Brasil, 2006, s/p, Grifos meus).

Outro marco na luta pela prevenção ao suicídio ocorreu entre os dias 21 e 26 de maio de 2012, em Genebra (Suíça), na 65ª Assembleia Mundial da Saúde, contando com a participação de representantes e delegados de 194 Estados-Membros, incluindo o Brasil. Uma das prioridades do evento foi discutir sobre a prevenção ao suicídio. Nela, afirmou-se que "muitas pessoas tentando acabar com suas vidas vêm de *grupos vulneráveis e marginalizados.* Além disso, os *jovens e os idosos* estão entre as faixas etárias mais propensas a terem pensamentos de suicídio ou automutilação" (OMS, 2013, grifos meus). Dentre as metas estabelecidas no plano de ação, ficou o compromisso de os Estados-Membros desenvolverem estratégias de prevenção para reduzir a taxa de suicídio em 10% até 2020.

O SUPRE convoca a sociedade a desenvolver estratégias de prevenção ao suicídio, entendendo que prevenção é uma tarefa de todos. Afetado pelas histórias de vida e de morte por suicídio, com as quais entrei em contato durante o meu mestrado — que abordarei mais detalhadamente adiante —, em 2015, após ter terminado a dissertação, sentia-me convocado a fazer alguma coisa no âmbito da prevenção ao suicídio, acreditando que, se as pessoas soubessem interpretar os "sinais", "os pedidos de ajuda", poderiam impedir que esse tipo de morte acontecesse. Isso me levou a ministrar palestras, realizar rodas de conversas em diversos ambientes (escolas, universidades, empresas, igrejas, dentre outros), com os mais variados públicos (adolescentes, universitários, profissionais da saúde, professores, religiosos...), falando alinhado às orientações da OMS, de como identificar sinais de comportamento suicida.

A OMS (2006, p. 6) compreende sinais como sendo:

> [...] falta de interesse pelo próprio bem-estar; mudanças em padrões de comportamento social, declínio da produtividade no trabalho ou do sucesso escolar; alterações nos padrões de sono e de alimentação; tentativas de pôr os assuntos pessoais em ordem ou de fazer as pazes com outros; interesse fora do comum em como os outros se sentem; preocupação com temas de morte e violência; súbita melhoria no humor depois de um período de depressão; e promiscuidade súbita ou aumentada.

Em 2015, tomei conhecimento de um grupo de pessoas que estavam se organizando para abrir um posto (espaço para atendimento) do Centro de Valorização da Vida (CVV), em Chapecó-SC. Uma instituição filantrópica que se propõe a trabalhar na prevenção ao suicídio no Brasil desde os anos 60. Durante o mestrado, já havia conhecido os trabalhos dessa instituição e, como havia pouco tempo que estava morando nessa cidade, achei uma excelente oportunidade para desenvolver um trabalho voluntário, uma vez que como ex-seminarista (passei quatro anos em seminários religiosos católicos, um ano em Guajará-Mirim-RO e três em Maringá-PR) sentia-me desengajado da igreja e da comunidade em geral. Fiz a inscrição para a formação de voluntariado no site do CVV, na qual relatei minha trajetória de pesquisador sobre a temática do suicídio e manifestei meu desejo de contribuir com o posto que estava abrindo em Chapecó. Dias depois, recebi o retorno do e-mail com um convite para ministrar uma palestra sobre minha dissertação aos voluntários do CVV de Chapecó. Ali, iniciei meu percurso na instituição, que narrarei mais adiante, uma vez que tomo esse percurso enquanto objeto de análise.

Diante de minha inserção e atuação no campo da prevenção ao suicídio, atento aos apontamentos de Prado Filho (2012, p. 123), que para historicizar é necessário rastrear vestígios, "buscar marcar suas emergências, mostrando o jogo de forças, os enfrentamentos, as derrotas e vitórias de posições em conflito", própria do processo histórico-político, destaco dois acontecimentos ocorridos em 2017, quando iniciava o doutorado, e que contribuíram para dar visibilidade aos embates de forças dos campos de saberes sobre a temática do suicídio no Brasil: o jogo *Baleia Azul* e a série *13 Reasons Why*.

O misterioso jogo ganhou repercussão no Brasil no início do mês de abril de 2017, quando uma adolescente de 16 anos foi encontrada morta dentro de uma represa no Mato Grosso. Em seus pertences, foram encontrados escritos que falavam das regras do jogo. A partir desse acontecimento, uma série de informações desencontradas passou a circular em redes sociais e espaços on-line sobre os desafios (Garcia, 2018). A forma como o jogo chegou ao Brasil é incerta, bem como sua origem. Em meio a um mar de "falsas notícias" e lendas, o jogo ganhou notoriedade no país.

O jogo *Baleia Azul* emergiu em um contexto cada vez mais comum no mundo e, em expansão no Brasil, as *fake news*. "A notícia era de que baleias imensas estariam encalhando propositalmente na praia, solitárias ou em bando" (Garcia, 2018, p. 41). O encalhe pode ocorrer quando um animal está desorientado por algumas ações humanas, como problemas ambientais e ruídos excessivos, o que pode dificultar a sua geolocalização e, ao nadarem sem rumo, pode encalhar nas praias e, sem condições de regressar, morrem (Garcia, 2018). Não é uma ação propositiva, já que morrem em virtude da desorientação. Ainda de acordo com Garcia (2018, p. 42, grifos meus) "*da maneira como a informação chegou às redes sociais, parecia que as baleias, movidas pela dor ou por algum tormento e incômodos externos, num gesto de desespero, estariam saindo do mar espontaneamente, à procura da morte na areia*".

Aproximadamente cinco meses depois de o jogo ganhar notoriedade no Brasil, foi preso, em novembro de 2016, um jovem russo de 21 anos, em São Petersburgo, acusado de ser o responsável pela organização de grupos que incentivavam o suicídio a partir da rede social russa Vkontakte. Ele era conhecido na internet como Phillip, *The Fox* (Phillip, a raposa). De acordo com Will Stewart (2017), que publicou uma reportagem no portal britânico *Daily Mail*, após a prisão, Philipp Budeikin confessou a criação do jogo e afirmou que há cinco anos vinha pensando nessa ideia, mas que tudo começou em 2013 ao criar a comunidade on-line F57, que tinha por objetivo atrair e selecionar os possíveis jogadores.

Figura 1
Jogo *Blue Whale*

Fonte: medium.com[1]

---
[1] Disponível em: https://medium.com/@rubigary/killer-whale-social-medias-worst-nightmare-spreading-on-russian-internet-fd5cda6edd94. Acesso em: 23 abr. 2024.

O jogo era conduzido de modo estratégico para selecionar os que se demonstravam "vulneráveis", susceptíveis a manipulações e dispostos a obedecer e realizar as atividades propostas. Muitas pessoas saíam durante as atividades de seleção, relatou Phillip em seu depoimento. Os que ficavam recebiam tarefas gradativamente mais fortes, como cortar as veias, equilibrar-se em um telhado, matar animais e postar fotos e/ou vídeo para provar e avançar no jogo. Aqueles que obedientemente executavam todas as tarefas prévias eram classificados como "adolescentes fisiologicamente prontos para seguir o que os administradores lhes dissessem" (Stewart, 2017, s/p).

Em seu depoimento, Phillip se referiu às vítimas como sendo "lixo biológico" e disse que estava "limpando a sociedade". Em outro momento, afirmou que: "eles estavam morrendo felizes. Eu estava dando a eles o que eles não tinham na vida real: calor, compreensão, conexões" (Stewart, 2017, s/p). O jogo no Brasil e no mundo foi apontado como sendo o grande vilão, mas pouco se problematizou sobre as condições existenciais das pessoas que decidiram participar dos jogos, sobre as "vulnerabilidades" em que elas se encontravam.

Enquanto aguardava o julgamento na prisão de Kresty, em São Petersburgo, sob a acusação de incitar pelo menos 16 estudantes a se matarem, Philipp Budeikin recebeu dezenas de cartas de amor de adolescentes, relataram as autoridades prisionais (Stewart, 2017). Isso me levou a pensar sobre a produção dessa subjetividade, desse desejo de "experimentar", arriscar a vida, viver algumas intensidades, incertezas, mesmo sabendo da possibilidade de morrer. Aquilo que para muitos, em nossa época, é um absurdo, a morte, para outros é uma atração. Após a disseminação do jogo no mundo on-line, algumas pessoas postaram espontaneamente, em suas redes sociais, *"I'm a whale"* (eu sou uma baleia) para buscar um "curador", alguém para conduzi-las no passo a passo dos 50 desafios.

Esse jogo resultou na morte de adolescentes e jovens no Brasil e no mundo, bem como na tentativa de suicídio de outros, tornando-se alvo de investigações pela justiça, gerando grande repercussão na sociedade em geral (Bedinelli & Martín, 2017; Garcia, 2018), além de uma série de reflexões sobre a influência da internet no comportamento de autodestruição, autolesão, suicida. Novas visibilidades passaram a compor o campo da prevenção ao suicídio no Brasil, a partir de abril de 2017, motivadas por esse acontecimento.

Em março desse mesmo ano, foi lançada na Netflix a série *13 Reasons Why*, dirigida por Brian Yorkey, baseada na obra literária *Os 13 Porquês*, de Jay Asher. A série conta com quatro temporadas, a segunda lançada em maio de 2018, a terceira em agosto de 2019 e a última estreou em 5 de junho de 2020. Várias críticas e acusações foram feitas à série que, dentre os temas abordados, trata da depressão, *bullying*, isolamento, abuso sexual e suicídio. Na ocasião do lançamento da série, houve iniciativas de manifestação de repúdio e sugestão de boicote, por conter cenas impactantes. Antes da estreia, o ator Dylan Minette, que atuou como Clay na série, disse em conversas com o UOL: "Eu espero que a série dê início a uma discussão, que as pessoas possam vê-la juntas e discutir quando acabarem" (UOL, n.d., s/p). Muitas foram as conversas e controvérsias que a série provocou, até porque veio na esteira do jogo *Baleia Azul*.

Participaram da produção da série a cantora Selena Gomez e o ator Tom McCarthy. Para eles, a série tinha "um propósito de trazer à tona as dores e os sofrimentos dos adolescentes, uma categoria pouco levada a sério na TV, e conscientizar sobre bullying e outros temas dessa época da vida". Selena Gomez afirma que: "quisemos fazer de um jeito que fosse honesto e que pudesse ajudar as pessoas, porque o suicídio nunca deveria ser uma opção" (UOL, n.d., s/p).

Na trama, Hannah Baker ajuda seus pais em um empreendimento familiar que passa por dificuldades financeiras e, no ambiente escolar, sofre várias violências, dentre elas, violência sexual. Certo dia, Hannah pegou o malote de dinheiro da loja para levar ao banco, mas não o encontrou, pois havia esquecido em cima do carro. Hannah fora abusado sexualmente por um de seus colegas de turma. Nos espaços que transitei, muito se falou de como a série poderia influenciar os adolescentes ao suicídio, que a série não levou em consideração as orientações da OMS e demonstrou como se suicidar. Poucas foram as pessoas que buscaram olhar para o ato de Hannah e refletir como a sociedade contribui para que outras garotas assim como ela preferem a morte, a seguir vivendo em determinadas condições.

Brian d'Arcy James, que faz o papel de pai de Hannah, relatou que "tragicamente existem muitas pessoas para quem a trama não é apenas inimaginável, mas é a sua história". Kate Walsh, que interpreta a mãe de Hannah, observa que o que ocorreu com os Bakers é uma coisa comum nas famílias. Justificando por que os pais não perceberam os sinais da depressão de Hannah, disse que

> [...] foi realmente importante para eles mostrarem que os Bakers são basicamente uma família normal, e eles tinham problemas normais que as pessoas passam. Eles estavam fazendo o que achavam ser o melhor. Então, isso acaba sendo perdido (Narciso, 2017, s/p).

Antes de tirar a própria vida, Hannah grava fitas de cassete explicando para 13 pessoas como elas desempenharam um papel na sua morte: os 13 motivos. Seu amigo Clay é incumbido da missão de ouvir e passar as fitas adiante. Ou seja, Clay foi o ponto de partida para o desenrolar da trama das fitas e dos motivos.

Figura 2
A trama das fitas

Fonte: culturageek[2]

---

[2] Disponível em: https://culturageek.com.ar/13-reasons-why-confirmo-segunda-temporada/. Acesso em: 28 nov. 2021.

A série foi interpretada por alguns como sendo uma romantização do suicídio, um ato de vingança, uma alternativa. No entanto, os pesquisadores do Laboratório de Conexões Intermidiáticas (LabCon), da Universidade Federal de Minas Gerais (UFMG), analisam que o livro que originou a trama, publicado em 2007, alcançando em julho de 2011 a primeira posição na lista de *best-sellers* do *New York Times*, corroborou o seu sucesso, do "produto transmidiático *13 Reasons Why*". Antes da série, a obra escrita já circulava na sociedade e não teve as mesmas críticas. E concluem que foi positiva a repercussão da série, que "serviu como ferramenta de incentivo a discussão temática entre pais e filhos, professores e alunos, funcionando de forma pedagógica e sensibilizando o mundo adolescente" (LabCon, 2018, s/p).

Juntamente com a série, foi lançado o documentário *13 Reasons Why: Beyond the Reasons*, em que atores, atrizes, produtores, diretores e alguns especialistas falam sobre algumas cenas e escolhas da produção; uma espécie de complemento para entender melhor a visão da obra audiovisual e da abordagem de suas temáticas. O que foi apontado por alguns críticos, já que essa recebeu diversas críticas de profissionais da saúde e educação, é que a forma como foi abordada a questão estaria incentivando os jovens a tal prática, ao invés de alertá-los (Labcon, 2018).

Eu assisti à série na primeira semana que foi lançada no Brasil, senti-me envolvido pelo enredo, pelas situações que cada um estava passando, o modo como lidavam com os sentimentos, com as feridas que a vida lhes impunha e as marcas que cada um carregava. Muitas foram as formas de violências e negligências que a série demonstrou. Naquela ocasião, conversei com muitas pessoas do meu entorno sobre as temáticas abordadas. Alguns colegas não assistiram, mas fizeram críticas e convites a boicote: "não vamos assistir", "não podemos dar audiência a esse tipo de conteúdo", "onde já se viu apresentar cenas explicitas de suicídio? Isso vai contra as indicações da OMS!" Para alguns, o suicídio de Hannah chamou mais a atenção do que os "motivos", as violências pelas quais ela passou. Muitos pareciam não estar sensíveis às dores de Hannah ou mesmo dispostos a discutirem como poderíamos "prevenir" esse tipo de morte por meio de estratégias de prevenção das violências.

Imagem 1
Por que uma garota morta mentiria?

Fonte: respirandocultura[3]

Assim como na imagem anterior, o rosto de Hannah é marcado com interrogação: por que uma garota morta mentiria? Outros atores tiveram interrogações, falas, relacionadas ao papel que desempenharam na série. No Brasil, a série teve uma grande repercussão; na página do Facebook oficial brasileiro da série, em junho de 2018, "a página tem mais de 4 milhões de curtidas e muitos comentários em suas publicações" (Labcon, 2018, s/p). Em novembro de 2021, pude constatar que havia 4.626.178 de curtidas e 4.641.854 de pessoas seguindo a página, o que sinaliza o sucesso que a série teve logo após seu lançamento.

No início da segunda temporada, a Netflix lançou outro vídeo com o elenco alertando os espectadores sobre alguns dos tópicos abordados

---

[3] Disponível em: https://respirandocultura.tumblr.com/tagged/13-reasons-why. Acesso em: 28 nov. 2021.

na série e apresentou um site com números telefônicos onde as pessoas poderiam buscar ajuda. Labcon (2018) analisa que no site oficial da série, *13reasonswhy.info*, o objetivo principal é oferecer ajuda para aqueles estão passando por algum tipo de crise, e não na divulgação da série ou livro.

Figura 3
A ajuda disponibilizada

Fonte: wannatalkaboutit[4]

Na primeira vez que acessei o site (*wannatalkaboutit.com*), no primeiro trimestre de 2018, deparei-me com a seguinte menção: "quer falar sobre isso? Queres falar? Se você ou alguém que você conhece está sofrendo, você não está sozinho. Aqui você encontra mais informações de como obter ajuda". Os serviços disponíveis no site oferecido são: Crisis Text Line, Rede Nacional de Estupro, Abusos e Incesto (RAINN), National Suicide Prevention Lifeline e Trevor Lifeline. O CVV não apareceu naquela ocasião no site da série. No entanto, como a trama teve essa grande repercussão no Brasil e gerou muitos embates e debates, frente às discussões em curso, alguns meios de comunicação passaram a divulgar o número de atendimento do CVV, que, naquela ocasião, estava angariando um número de três dígitos a nível nacional. A cobertura de atendimento era restrita a algumas regiões do Brasil; alguns postos de atendimento situados nas capitais atendiam no número 141; a cobertura do sinal era local; outros postos atendiam com um número comercial, que era divulgado localmente.

Em novembro de 2021, (re)visitando a página, constatei quatro instituições brasileiras disponibilizando ajuda, como se pode observar na imagem a seguir. São elas: CVV, Mapa do acolhimento, SaferNet, Instituto Vita Alere.

---

[4] Disponível em: https://www.wannatalkaboutit.com/us-es/. Acesso em: 28 nov. 2021.

Figura 4
Como obter ajuda

Fonte: wannatalkaboutit[5]

O CVV se propõe a realizar "apoio emocional e prevenção do suicídio, atendendo voluntária e gratuitamente todas as pessoas que querem e precisam conversar, sob total sigilo por telefone, e-mail e chat 24 horas todos os dias" (CVV, 2019, s/p). A Safernet Brasil foi fundada em 20 de dezembro de 2005, com foco na promoção e defesa dos Direitos Humanos na internet no Brasil. Apresenta-se em seu site como sendo uma associação civil de direito privado, com atuação nacional, sem fins lucrativos, sem vinculação político-partidária, religiosa ou racial. A Safernet oferece um serviço de recebimento de denúncias anônimas de crimes e violações contra os Direitos Humanos na Internet. Afirma que conta com suporte governamental, parcerias com a iniciativa privada, autoridades policiais e judiciais. E solicita para os usuários que denunciem, caso encontrem, imagens, vídeos, textos, músicas ou qualquer tipo de material que seja atentatório aos Direitos Humanos.

O site disponibiliza um gráfico com um ranqueamento das denúncias por tema, bem como o crescimento dos índices anualmente. A temática mais denunciada é pornografia infantil, seguida por apologia e incitação a crimes contra a vida, e, em terceiro, racismo, como se pode constatar a seguir.

---

[5] Disponível em: https://www.wannatalkaboutit.com/us-es/. Acesso em: 28 nov. 2021.

Figura 5

Denúncias por tema

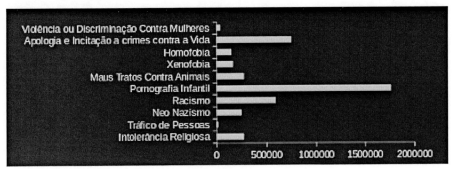

Fonte: safernet[6]

No total, o site contabiliza 4,3 milhões de denúncias, em que é possível constatar um crescimento anual. O Mapa do Acolhimento é uma iniciativa da ONG Nossas, que dispõe de um site (https://www.mapadoacolhimento.org/), que se propõe ao acolhimento a mulheres cis e trans residentes no Brasil, maiores de 18 anos, que não podem arcar financeiramente com o atendimento psicológico ou jurídico necessário e se encontram em situação de violências. Para receber ajuda é necessário se cadastrar e solicitar acolhimento. Ao receber o cadastro, uma equipe irá checar os dados e a localização da mulher em situação de violência e fazer o encaminhamento para psicólogas e advogadas voluntárias do projeto para atendimento (mapadoacolhimento, 2018).

O Instituto Vita Alere de Prevenção e Posvenção do Suicídio foi criado em 11 de outubro de 2012, pelas psicólogas Karina Okajima Fukumitsu e Karen Scavacini, e pelo psiquiatra Teng Chei Tung. Em agosto de 2014, Karina e Teng se afastaram do Instituto. Também oferece formação sobre a temática em voga. Apresentam-se como "especialistas que trabalham com a prevenção do suicídio e com o processo de luto, além de serem acadêmicos que tem produção literária e acesso aos instrumentos de avaliação e intervenção em pacientes e familiares". No site do Instituto, é possível acessar uma lista de profissionais que atende em São Paulo, mas também afirma que há uma lista de profissionais que atendem pessoas com comportamento suicida pelo Brasil. "Caso você não encontre um profissional na cidade/área que deseja, favor enviar um e-mail para contato@vitaalere.com.br, com o título ATENDIMENTO, informando nome, idade,

---

[6] Disponível em: https://new.safernet.org.br/denuncie#mobile. Acesso em: 28 nov. 2021.

telefone e bairro de preferência". De acordo com as informações do site, os profissionais entrarão em contato e que o valor do atendimento deverá ser tratado diretamente com o profissional indicado (Vitaalere, 2021)[7].

Suicídio e meios de comunicação são uma das pautas do SUPRE, principalmente devido ao receio do "Efeito Werther", também mencionado na literatura como efeito contágio; pauta que ganhou destaque por conta da série que criou certo estado de alerta na sociedade a partir do final de março de 2017. No manual para os profissionais da mídia, a OMS (2000b, p. 01) entende que a mídia influencia fortemente as atitudes, crenças e comportamentos da comunidade e ocupa um lugar central nas práticas políticas, econômicas e sociais, podendo desempenhar um papel ativo na prevenção do suicídio. Ela indica algumas agências governamentais, associações nacionais e organizações voluntárias como fonte para consultar informações confiáveis sobre a mortalidade por suicídios. Nesse manual, a OMS orienta como noticiar casos de suicídio, mas também sugere que se evite abordar esse tipo de morte sob a alegação de que, dependendo da forma como for noticiado, pode incentivar, encorajar outras pessoas ao ato.

É interessante que esse manual tenha sido publicado na virada do século, quando a internet estava se tornando mais acessível às pessoas, e as informações passavam a circular de outras formas. Pois "diz-se" existir algo como um acordo tácito entre os profissionais dos meios de comunicação para não publicar informações sobre casos de suicídios, por receio do "Efeito Werther". Tal noção surge por associação ao livro *Os Sofrimentos do Jovem Werther*, de Johann Wolfgang Von Goethe, publicado em 1774, que narra a história do jovem Werther, que se apaixona por uma mulher casada e, impedido de viver esse romance, interrompe a vida. Na época, o livro foi tomado como incitador ao suicídio, o que obrigou, inclusive, seu autor a se posicionar; trata-se de uma questão que até hoje segue sendo debatida.

> Goethe veio a público se defender, pois, aparentemente, uma centena de jovens cometera suicídio após a publicação de seu livro [...] alguns estavam vestidos ao estilo da personagem principal, adotaram o mesmo método de suicídio ou foi encontrado o livro no local da morte (Associação Brasileira de Psiquiatria – ABP, 2015, p. 14).

---

[7] Disponível em: https://vitaalere.com.br/o-que-fazemos/atendimentos/. Acesso em: 28 nov. 2021.

O termo "Efeito Werther" tem sido utilizado na literatura para designar aquilo que seria da ordem da influência que levaria à imitação de suicídios, tendo sido cunhado por Phillips (1974) para descrever o que ele concebeu como suicídios imitativos; ao analisar os noticiários dos jornais na Grã-Bretanha e nos Estados Unidos, entre 1947-1968, ele constatou a ocorrência maior de casos imediatamente após uma história de suicídio ter sido divulgada. Em outro estudo, Phillips (1977) observou um aumento médio de 9,12% nas mortes por acidentes envolvendo veículos automotores (que entendeu como suicídios "disfarçados") na semana após uma história de suicídio ser publicizada. Para ele, as histórias de suicídio estimulam uma onda de suicídios imitativos. Nesse sentido, o termo "Efeito Werther" passou a ser utilizado também no contexto de prevenção a tal prática.

Nesses estudos não se tensionam as condições para que se possa propagar o suicídio em cadeia, como me questiona o psicólogo Bruno Walter, colega no grupo de pesquisa LECOPSU, em um diálogo sobre o conceito "Efeito Werther": "não basta que alguém acenda/lance a fagulha no mato, é preciso que o mato esteja seco, 'preparado' para pegar fogo"; e segue: "fico a pensar: se a nossa vida não fosse tão empobrecida, tão fragilizada, tão sujeita a extrações pelo modo capitalístico de viver, ou seja, se, no geral, as pessoas vivessem uma vida de afirmação da vida, uma vida potente, o relato de um caso de suicídio nos jornais teria esse efeito de propagar novos casos?"

O manual dirigido aos profissionais da mídia, desde sua publicação em 2000, passou por duas atualizações, uma em 2008 e a outra em 2017. Ambas reforçam os cuidados a serem tomados para elaborar reportagens sobre suicídio, principalmente no que tange a pessoas famosas. Em 2008, a OMS reconheceu que seu manual estava voltado para as notificações do suicídio em mídia tradicional: jornais, televisão e rádio. Contudo, alerta que as novas formas de mídia, como a internet, devem ser consideradas, apontando um crescente número de publicações em sites, filmes, novelas de televisão, peças teatrais, que abordam a temática do suicídio: "as representações fictícias de suicídio na tela grande e pequena e no palco podem influenciar as opiniões e os comportamentos do público. Está além do escopo deste recurso abordar os responsáveis pelo conteúdo de sites, que são áreas que merecem mais atenção" (WHO, 2008, s/p, tradução minha).

Em 2009, sob a coordenação de Neury José Botega, médico psiquiatra que trabalha na Universidade Estadual de Campinas (Unicamp) e integra a Comissão de Prevenção de Suicídio da Associação Brasileira de Psiquiatria, a ABP e o CFM lançaram uma cartilha intitulada: *Comportamento Suicida: conhecer para prevenir - dirigido para profissionais de Imprensa* (Botega et al., 2009), que Côrte, Khoury e Mussi (2015, p. 253) apontam como "uma espécie de livro de receitas sobre notícias ou reportagens envolvendo o suicídio".

O manual inicia interrogando sobre como conciliar o dever de informar sem ferir a susceptibilidade das pessoas, sem provocar danos, principalmente quando a pessoa que pôs fim à vida é uma celebridade. "Muitos veículos de comunicação optam por não divulgar o ato suicida, postura bem diferente da que é dada para outras violências, como homicídios, por exemplo" (Botega et al., 2009, p. 09). Essa precaução se refere ao receio de que a "veiculação inapropriada de casos de suicídio poderia ser chocante, como também estimular o ato em pessoas vulneráveis, numa espécie de 'contágio'" (Botega et al., 2009, p. 09).

Os autores supracitados apontam que normalmente o suicídio vira notícia em cinco situações: se quem morreu é uma figura pública ou celebridade; se o suicídio foi precedido de assassinato, este último perpetrado por quem se matou; se foi cometido por terroristas, como nos casos de homens-bomba; se provocou problema que afetou a coletividade (por exemplo, engarrafamento); se há sensacionalismo, criado por maus profissionais.

Neste ponto, cabe trazer o que o manual da OMS (2000a, pp. 07-08, itálicos meus) indica que deve ser levado em consideração quando se noticiar casos específicos de suicídio:

> [...] a cobertura sensacionalista de um suicídio deve ser assiduamente evitada, particularmente quando uma celebridade está envolvida. [...]. *Qualquer problema de saúde mental* que a celebridade *pudesse apresentar deve ser trazido à tona.* [...]. Deve-se evitar fotografias do falecido, da cena do suicídio e do método utilizado. Manchetes de primeira página nunca são o local ideal para uma chamada de reportagem sobre suicídio. Devem ser evitadas descrições detalhadas do método usado e de como ele foi obtido. [...]. O suicídio não deve ser mostrado como inexplicável ou de uma maneira simplista. Ele nunca é o resultado de um evento ou fator único. *Normalmente sua causa* é uma interação complexa de vários fatores, como *transtornos mentais e doenças físicas, abuso de substâncias, problemas familiares, conflitos interpessoais e situações de vida estressantes.* O reconhecimento de que uma variedade de fatores contribui para o suicídio pode ser útil. O suicídio não deve ser mostrado como um método de lidar

> com problemas pessoais como falência financeira, repro-
> vação em algum exame ou concurso ou abuso sexual. A
> glorificação de vítimas de suicídio como mártires e objetos
> de adoração pública pode sugerir às pessoas suscetíveis que
> a sociedade honra o comportamento suicida. Ao contrário, a
> ênfase deve ser dada ao luto pela pessoa falecida. A *descrição
> das consequências físicas* de tentativas de suicídio não fatais
> (dano cerebral, paralisia etc.) *pode funcionar como um fator
> de dissuasão.*

Entendo que a recomendação de trazer à tona problemas como transtornos mentais e doenças físicas, abuso de substâncias, problemas familiares, conflitos interpessoais e situações de vida estressantes é uma receita pronta, não querendo deixar margens para que o suicídio possa ser pensado de outro lugar que não seja do adoecimento mental e/ou uma consequência de situações conflitivas que se refeririam basicamente ao indivíduo que se suicida. Tal posicionamento é ecoado no Brasil pela ABP e CFM (2015, p. 46, grifos meus): "sabemos hoje que *praticamente 100%* dos suicidas *tinham uma doença mental*, muitas vezes não diagnosticada e não tratada". Isso demonstra uma intolerância, no contemporâneo, para admitir que um indivíduo considerado "normal" possa preferir a morte à vida, uma vez que esse tipo de morte subverte as regras do imperativo de manter vivo, a vida biológica não pode cessar.

Com a propagação da internet e das mídias sociais, as notícias e a forma como as informações circulam ganham outros contornos. Loureiro, Moreira e Sachsida (2013, p. 11), no estudo "Os Efeitos da Mídia sobre o Suicídio: uma análise empírica para os estados brasileiros", afirmam que o "efeito contágio é propagado pela mídia tradicional (jornal impresso, rádio e televisão) ou pela "nova" mídia on-line, por meio de sítios de notícias ou pela interação entre os usuários, via facebook e chats, por exemplo". Tais informações muito contribuíram para o estado de alerta levantado pelo jogo *Baleia Azul.*

Dentre uma série de reportagens que circulou na imprensa brasileira sobre a temática, há uma veiculada no portal *Estadao.com*[8], cujo título diz: "busca por centro de prevenção ao suicídio cresce 445% após estreia da série '13 Reasons Why'". *"Houve alta ainda de 170% na média diária de visitantes únicos no site do CVV" após o lançamento da série. Antes havia em média 2,5*

---

[8] Disponível em: https://www.estadao.com.br/saude/busca-por-centro-de-prevencao-ao-suicidio-cresce-445-apos-serie-da-netflix/ Acesso em: 22 abr. 2024.

mil visitantes por dia, passando para 6.770 em abril". A série foi lançada em 31 de março. "No domingo, depois que a série foi alvo de críticas nas redes sociais, houve pico: 9.269 pessoas visitaram o site". A matéria destaca que "a maioria das pessoas que está buscando atendimento nos canais do CVV nos últimos dias é *jovem e se identifica com a dor da personagem* principal" (Diógenes; Toledo, 2017, grifos meus).

Robert Paris, voluntário e Presidente do CVV, em uma entrevista dada ao *Estadão Conteúdo* e publicada no site *istoedinheiro*[9], em 11 de abril de 2017, relata que os canais de comunicação com o CVV (e-mail, chat, Skype e telefone) "servem ´para alívio das dores psíquicas dos que precisam conversar, *mas não promove terapia*". Alerta ainda sobre as barreiras que dificultam a prevenção ao suicídio, como os preconceitos e o tabu sobre essa temática. Em suas palavras: "não pode ter aquele tabu de que ajuda profissional é 'coisa para louco', aquelas coisas que se dizem popularmente. Esta é a maior barreira à causa de prevenção do suicídio. O assunto tem de ser tratado com naturalidade. Falar é terapêutico." (grifos meus).

Devido à repercussão da série, muitos profissionais da saúde ligados à prevenção ao suicídio sentiram-se convocados a se posicionar. Alguns afirmaram que a série não era adequada para o público adolescente, orientando que os pais pudessem assistir para avaliarem se o conteúdo era pertinente aos seus filhos. Em resposta às repercussões, Amanda Vidigal, gerente de comunicação da Netflix, afirmou que a produtora teve os cuidados necessários para produzir a série, por tratar de "temas sensíveis", e que toda a produção contou com uma consultoria de profissionais da saúde.

Frente às discussões que estavam em cena sobre o suicídio em 2017, o grupo Comunica Que Muda (CQM), sob a coordenação de Bia Pereira, coordenadora-geral do CQM, Caio Túlio Costa, jornalista, sócio-fundador da Torabit[10], e Stephanie Jorge, publicitária e sócio-fundadora dessa ferramenta de monitoramento, elaboraram um dossiê que buscava entender o que e como as pessoas falam sobre suicídio nas redes sociais. Realizaram um monitoramento via plataforma Torabit sobre o tema suicídio nas principais

---

[9] Disponível em: https://www.istoedinheiro.com.br/serie-faz-crescer-em-445-busca-pelo-cvv/. Acesso em: 28 nov. 2021.

[10] Torabit é uma ferramenta de monitoramento — junção de "tora" (força) com "bit" (unidade mínima de informação digital) — uma plataforma de aferição de presença, análise de sentimento, comparação de perfis e construção de rankings no ambiente digital. O Torabit permite análises em profundidade do comportamento dos internautas em relação a qualquer assunto, nome, instituição ou empresa — e de forma rápida e intuitiva. Disponível em http://www.torabit.com.br/. Acesso em: 20 maio 2019.

redes sociais: Facebook, Instagram, Twitter e YouTube, nos meses de abril e maio de 2017, e observaram que a palavra suicídio foi mencionada 1.230.197 de vezes nas redes. Para eles, o jogo Baleia Azul e a série *13 Reasons Why* foram os principais responsáveis por esse incitamento a falar.

> No mês de abril, enquanto o tema ainda estava mais "quente", pela estreia da série e o início da viralização de notícias sobre a Baleia Azul, a maior parte dos comentários foi de citações e compartilhamentos (31,5%), seguidos por opiniões (28,3%). Por outro lado, em maio, com a diminuição da discussão, a maioria das menções foi de piadas, apesar da seriedade do tema, com 44,5%. Somando os dois períodos, as piadas ficaram na frente, com 34,2% do total, enquanto as opiniões cravaram 24,4% do total (Agencia nova s/b, 2017, p. 12).

Os dados anteriores demonstram comportamentos dos usuários a partir de certas possibilidades e que o tema suicídio bateu recorde de buscas no Google, nos meses de abril e maio de 2017, considerando na análise, os últimos cinco anos. Uma matéria divulgada na *BBC* apontou que a série *13 Reasons Why* estava associada ao aumento de 28,9% nos índices de suicídio entre crianças e adolescentes nos Estados Unidos (BBC, n.d.), o que reforça a compreensão que se faz sobre o Efeito Werther: o modo como se fala pode influenciar pessoas a interromperem a vida.

No Brasil, as reportagens, matérias que abordavam a temática suicídio, passaram a divulgar no final ou mesmo no corpo da reportagem o número de atendimento do CVV, que naquela ocasião era o 144. Compreendi como sendo uma forma de divulgação "ética", uma vez que a OMS (2000a) orienta que, ao divulgar uma notícia de suicídio, é importante também falar onde as pessoas podem buscar ajuda, caso sintam necessidade, já que compreendem que as notícias podem influenciar o comportamento das pessoas. Também pude constatar que muitas pessoas passaram a compartilhar em suas redes sociais o número de atendimento do CVV. Como ouvi de um colega de CVV: "tivemos um marketing gratuito".

A visibilidade desse tipo de morte nos meios de comunicação e nas redes sociais acelerou o processo de parceria que o CVV vinha pleiteando junto ao Ministério da Saúde. Em 8 de março de 2017, o Ministério da Saúde publicou no diário oficial o acordo de cooperação técnica para "celebrar a continuidade da parceria que integra o Ministério da Saúde e o Centro de Valorização da Vida na adesão à Estratégia Nacional de Prevenção do Suicídio".

Figura 6

Acordo de cooperação técnica

Ministério da Saúde

GABINETE DO MINISTRO

EXTRATO DO ACORDO DE COOPERAÇÃO TÉCNICA

ESPÉCIE: Acordo de Cooperação Técnica que celebram entre si a União, por intermédio do Ministério da Saúde, e o Centro de Valorização da Vida.

OBJETO: Celebrar a continuidade da parceria que integra o Ministério da Saúde e o Centro de Valorização da Vida na adesão à Estratégia Nacional de Prevenção do Suicídio.

VIGÊNCIA: 3 (três) anos.

DATA DA ASSINATURA: 8 de março de 2017.

SIGNATÁRIOS: RICARDO BARROS - Ministro de Estado da Saúde e ROBERT GELLERT PARIS - Presidente do Centro de Valorização da Vida.

Fonte: pesquisa[11]

A partir desse acordo, o CVV passou a ganhar mais protagonismo no campo da prevenção ao suicídio no Brasil. Reconhecido como sendo um serviço de Utilidade Pública Federal desde 1973, há anos vinha lutando por um número telefônico de três dígitos em nível nacional. No Rio Grande do Sul, começou a funcionar em setembro de 2015. Dentre as razões da escolha desse estado, encontra-se o incêndio da Boate Kiss[12], no dia 27 de janeiro de 2013, e por esse apresentar o maior índice de suicídio, dentre os estados brasileiros. Com a celebração do acordo, esse número passou a ter cobertura nacional. A parceria será um dos objetos de análise que abordarei mais adiante.

Após a assinatura do termo de cooperação técnica, a Anatel iniciou os trabalhos para que, a partir de 30 de setembro de 2017, o número 188 pudesse ser estendido a boa parte do território nacional. As cidades que atendiam pelo número 141 passaram a utilizar o número 188 em suas localidades. O planejamento de expansão foi elaborado conforme mapa e tabela a seguir.

---

[11] Disponível em: https://pesquisa.in.gov.br/imprensa/jsp/visualiza/index.jsp?jornal=3&pagina=81&data=10/03/2017

[12] Disponível em: https://memoriaglobo.globo.com/jornalismo/coberturas/incendio-da-boate-kiss/. Acesso em: 16 nov. 2021.

Figura 7

Expansão "da linha da vida"

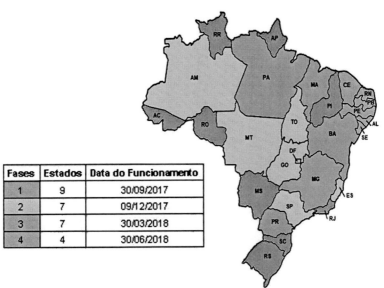

Fonte: CVV[13]

A partir dessa expansão e da parceria, as ligações para o CVV pelo número 188 tornaram-se gratuitas e podiam ser realizadas por qualquer operadora, via linha telefônica fixa ou celular, provenientes de qualquer cidade do Brasil. Vale destacar que a cobertura do sinal para todo o território nacional ficou pronta antes das datas mencionadas anteriormente. Os postos de atendimento precisaram se organizar para dar conta da demanda, visto que a parceria, bem como a temática da prevenção ao suicídio, tornou-se foco na mídia e, consequentemente, o número 188.

Pude observar que, a partir de 2017, depois da celebração dessa cooperação, os voluntários e os postos passaram a ser mais cobrados para alimentar as planilhas com os números de atendimentos, e o CVV passou a disponibilizar, em seu site, relatórios de atividades em nível nacional[14], onde apresenta uma série de dados estatísticos sobre os números de

---

[13] Disponível em: https://www.cvv.org.br/informacoes=-sobre-o-atendimento-pelo-numero188-/#:~:text-O%20ato%20tamb%C3%A9m%20prev%C3%AA%20que,Distrito%20Federal%20j%C3%A1%20s%C3%A3o%20 contemplados. Acesso em: 26 jul. 2021.

[14] Disponível em: https://www.cvv.org.br/wp-content/uploads/2017/05/CVV-Relatorio-1-Trimestre-2021_Baixa.pdf. Acesso em: 26 jul. 2021.

atendimentos. Em uma sociedade que utiliza saberes probabilísticos para implementar ações de governar condutas, tais dados contribuem para as estratégias políticas sobre a vida dos sujeitos. De acordo com as informações disponíveis em seu site, a instituição conta atualmente com mais de 120 postos de atendimento, aproximadamente 4.000 voluntários, e realiza em média 3 milhões de atendimentos por ano (CVV, 2021).

Em um relatório de atividades nacionais do CVV, referente ao 1º trimestre de 2021, a média de ligações foi de 283.693 por mês. Também é apresentado o volume de ligações atendidas de abril de 2019 a março de 2021, como se pode verificar a seguir.

Figura 8
Volume de ligações atendidas de abril de 2019 a março de 2021

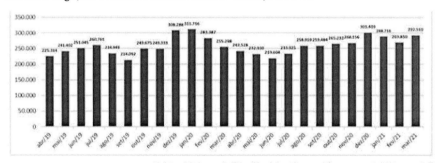

Gráfico 1. Volume de ligações atendidas em 24 meses – abr/19 a mar/21

Fonte: CVV[15]

Frente ao apresentado e diante das diversas narrativas e histórias com que tive contato ao longo de minha trajetória — *seja como pesquisador, religioso, profissional da Psicologia, professor universitário, palestrante, voluntário do CVV* —, tomei conhecimento de muitas histórias de vida, de dores humanas, de sofrimentos que me inspiram buscar modos distintos de pensar, analisar, historicizar, compreender e lidar com esse tipo de morte. O suicídio passou a ser associado como consequências de doenças mentais, mas compreendo que também pode ser uma denúncia de um modo de vida, uma afirmação paradoxal da própria vida, dentre outras possibilidades. Logo, exige outras estratégias de prevenção, para além da identificação de

---

[15] Disponível em: https://www.cvv.org.br/wp-content/uploads/2017/05/CVV-Relatorio-1-Trimestre-2021_Baixa.pdf. Acesso em: 26 jul. 2021.

sinais, de uma conversa por telefone. É preciso (re)pensar o modo de vida contemporâneo, levando em consideração a captura da vida pelas estratégias da arte neoliberal de governar.

A trajetória do doutoramento fez emergir a seguinte **questão de pesquisa**: como se articulam as práticas de prevenção ao suicídio, emergentes a partir do final do século XX, com as estratégias da governamentalidade neoliberal no Brasil? Dessa forma, o presente livro busca mapear e acompanhar processos de construção de práticas de prevenção ao suicídio no Brasil contemporâneo, descrevendo-as em uma perspectiva cartográfica e analisando-as a partir de ferramentas conceituais de Michel Foucault. Questão que se desdobrou e se articula aos seguintes objetivos:

– Apresentar as iniciativas e os trabalhos do Centro de Valorização da Vida (CVV) no âmbito da prevenção ao suicídio no Brasil.

– Analisar a construção histórica dos suicídios associada de modo majoritário como consequência de doenças mentais e a sua articulação com o conceito de prevenção.

– Refletir como a precarização dos modos de vida, a partir da governamentalidade neoliberal, pode estar articulada com os crescentes índices de suicídios.

– Problematizar as ações de prevenção ao suicídio elencadas na Lei n.º 13.819, de abril de 2019, que institui a Política Nacional de Prevenção da Automutilação e do Suicídio no Brasil.

O presente livro está estruturado em **cinco capítulos.**

Capítulo 1 – Estação metodológica: em busca de novas experiências

Nesse capitulo, apresento meu envolvimento com a temática pesquisada, os encontros e a produção das materialidades analisadas. Narro o percurso percorrido, os (des)encontros, a (des)construção das materialidades analisadas numa perspectiva cartográfica.

Capítulo 2 – Estação dos (des)encontros

Nesse capítulo, narro a história do CVV e a minha inserção no voluntariado dessa instituição. Apresento e analiso a formação dos voluntários para trabalhar na prevenção ao suicídio.

Capítulo 3 – A construção do suicídio enquanto doença mental

Tem por objetivo historicizar o ato de interromper a vida e a construção de conceito suicídio e sua inscrição como sendo consequências de adoecimento mental.

Capítulo 4 – Não é suicídio, se você já está morto por dentro

Busco aqui refletir sobre a precarização da vida desencadeada pelo governamentalidade neoliberal, apontando como essa arte de conduzir condutas se articula com os crescentes índices de adoecimento mental e de suicídio. Tomo os índices de suicídio da população apontada como vulnerável para a OMS e refletir sobre as condições de vida dessa, apontado como o modo de vida mata as pessoas por dentro; destaque para os jovens, indígenas, negros, LGBTS, Mulheres.

Capítulo 5 – Prevenção ao suicídio

Destaco alguns aspectos considerados nas políticas públicas de prevenção ao suicídio no Brasil, bem como a participação de instituições filantrópicas na construção e no desenvolvimento das iniciativas de prevenção. Com vistas à construção das analise proposta, esse capítulo objetiva promover uma análise sobre como se articulam as práticas de prevenção ao suicídio, emergentes a partir do final do século XX, com as estratégias da governamentalidade neoliberal no Brasil.

ESTAÇÃO METODOLÓGICA: EM BUSCA DE NOVAS EXPERIÊNCIAS

Muitos foram os deslocamentos que precisei fazer ao longo do doutorado, visto que semanalmente, desde 2016, saia de Chapecó-SC, com destino à UFRGS em Porto Alegre-RS, percorrendo 926 km para ir e voltar. Mas, sem dúvida, o deslocamento físico foi menor do que os que alcancei no meu modo de pensar e analisar a temática do suicídio. Nesse sentido, a composição de Milton Nascimento e Fernando Brant intitulada "Encontros e Despedidas" serviu de inspiração a esse cartógrafo para pensar os capítulos, que também chamo de estações. Visto que, ao mesmo tempo em que a estação pode ser um ponto de partida para alguns, para outros, é o ponto de chagada.

Mande notícias do mundo de lá

Diz quem fica

Me dê um abraço, venha me apertar

Tô chegando

Coisa que gosto é poder partir

Sem ter planos

Melhor ainda é poder voltar

Quando quero

Todos os dias é um vai-e-vem

A vida se repete na estação

Tem gente que chega pra ficar

Tem gente que vai pra nunca mais

Tem gente que vem e quer voltar

Tem gente que vai e quer ficar

Tem gente que veio só olhar

Tem gente a sorrir e a chorar

E assim, chegar e partir

São só dois lados

Da mesma viagem

O trem que chega

É o mesmo trem da partida

A hora do encontro

É também despedida

A plataforma dessa estação

É a vida desse meu lugar

É a vida desse meu lugar

É a vida. (versoseprosas[16], grifos meus).

O interesse por pesquisar sobre suicídio surgiu no início de minha vida profissional como psicólogo em 2011. Trabalhava como encarregado de recursos humanos em uma empresa na cidade de Maringá-PR e, em um curto período de tempo, três meses, as esposas de dois funcionários se suicidaram. Mesmo distante geograficamente destes colegas, já que um morava em Goiânia-GO e o outro, em Campo Grande-MS, acompanhei a dificuldade deles na tentativa de entender a decisão de suas companheiras de se suicidar. Foram várias as interrogações que ouvi tanto dos viúvos quanto de seus colegas de trabalho. Diante dessa situação, deparei-me com uma fragilidade profissional, pois, mesmo recém-formado em Psicologia, pouco ou quase nada tinha visto sobre essa temática ao longo dos anos da graduação. Afinal, a Psicologia é convocada a falar, principalmente no sentido de buscar explicar e a agir preventivamente para evitar que suicídios ocorram. E, quando ocorrem, é chamada para explicar aquilo que, compreendo hoje, extrapola o âmbito da razão, mesmo quando "motivos objetivos", como estar com problemas de saúde, sérias dificuldades financeiras, entre outros, fazem parte da vivência de quem se suicida.

Interpelado por essa necessidade de dar acolhida às demandas dirigidas a mim, comecei a pesquisar sobre o suicídio e, aos poucos, fui me dando conta da amplitude da rede discursiva que circunda este tipo de morte. Nesse mesmo

---

[16] Disponível em: https://versoseprosas.com.br/historia-da-musica/encontros-e-despedidas/. Acesso em: 24 abr. 2024.

ESTAÇÕES DE VIDA E MORTE: RASTROS DE PREVENÇÃO AO SUICÍDIO

período, fiz uma aproximação com um grupo de estudos da Universidade Estadual de Maringá (UEM), onde iniciei uma trajetória como aluno especial no programa de pós-graduação em Psicologia, visando estudar sobre a temática do suicídio. Afetado por essa demanda, minha proposta de pesquisa para o mestrado se dedicou a compreender os processos de luto dos sobreviventes por suicídio, entendendo por sobreviventes os familiares que perderam alguém por suicídio. A dissertação foi intitulada: "Uma compreensão fenomenológica da vivência dos enlutados do suicídio" e foi defendida em 2015.

Nos primeiros contatos com o campo de pesquisa no mestrado, tive receio se iria encontrar pessoas dispostas a relatarem suas experiências, suas histórias, visto que esse tipo de morte muitas vezes é marcado por um silenciamento devido ao "tabu" que se desenvolveu e circunda esse ato. E, ao mesmo tempo, interrogava-me: como chegar até o sobrevivente de modo não invasivo e respeitando suas vivências? Isso me levou a escolher o procedimento denominado *Snowball* (Bola de Neve), para chegar até os possíveis colaboradores, em que um participante indica outros e assim por diante. Na época da coleta de dados, eu havia me mudado para a região oeste do estado de Santa Catarina e fazia parte do corpo docente de uma instituição de ensino superior na cidade de Xanxerê-SC, onde consegui os primeiros colaboradores, a partir do contato com colegas professores e acadêmicos. Ao ouvirem falar da pesquisa, alguns espontaneamente indicaram possíveis participantes. Também participaram da pesquisa pessoas do Paraná, ligadas ao meu ciclo de contatos naquele estado.

Chamou-me bastante a atenção o caso de um colega de trabalho que me viu lendo sobre suicídio, começou a falar comigo sobre esse tipo de morte e relatou que o pai de seu compadre havia se suicidado; aproveitei e solicitei que ele perguntasse se ele aceitaria participar da pesquisa. Na semana seguinte, ele falou: "não sabia que esse tema era tão tabu assim; falei para ele sobre a sua pesquisa e ele não aceitou participar, pois, para falar sobre isso, ele teria que vivenciar tudo novamente" e acrescentou: "faz 14 anos que o pai dele se suicidou e foi ele quem encontrou o pai enforcado". Tal fato me levou a refletir sobre o modo como esse tipo de morte vinha sendo encarada e os sentimentos desencadeados por esse tipo de perda. Havia passado mais de uma década daquele acontecimento e deixou marcas tão profundas nesse filho a ponto dele não se sentir confortável em rememorar e falar da morte do seu pai. Que sentimentos foram construídos e ainda permaneciam vivos nele em relação ao suicídio de seu pai? Foi a pergunta que ficou.

Para compor o *corpus* de análise da minha pesquisa de mestrado, foram entrevistadas 9 pessoas que relataram 15 casos de suicídio, sendo que 4 pessoas relataram o suicídio de 2 ou mais parentes de primeiro grau. Uma das entrevistadas relatou 3 suicídios de pessoas próximas a ela: um tio paterno, o esposo de uma irmã de seu pai, e seu pai, em um período de menos de 10 anos; outra relatou que, em um período de 15 dias, o filho e depois o marido se suicidaram. O encontro com as histórias de suicídio relatadas pelos familiares ainda provoca efeitos em mim, convoca-me a olhar para este ato, agora de outro lugar, buscando outras possibilidades de compreensão.

Pude perceber na trajetória de pesquisar a temática do luto por suicídio que, quando um familiar interrompe a vida, muitas interrogações surgem, uma busca interminável de porquês. A busca por explicações provoca sofrimento nos que ficam, pois, ao mesmo tempo em que aquele corpo já não pode dizer mais nada, ele faz falar, fica uma mensagem a ser decifrada. A explicação que predomina é a do saber médico psiquiátrico que orienta a compreensão como associada à doença mental.

Muitas foram as interrogações de familiares e amigos de pessoas que se suicidaram com as quais entrei em contato durante meu envolvimento com a temática pesquisada, tais como: "o que aconteceu para ela desistir da vida?", "Deus vai perdoá-la?", "O que será que estava acontecendo com ele?", "Queria saber por que ele fez isso, não consigo entender; muitos fazem isso por falta de dinheiro ou porque estavam devendo; com ele não era isso, ele tinha dinheiro, ele deixou dinheiro. [...] Eu fico pensando: por que ele me deixou", "Por que ele fez isso? Deixar a mãe sozinha, com três filhos?", "Como eu não percebi nenhum sinal?", "Se ele tivesse pedido ajuda!", "O que eu poderia ter feito para impedir que isso acontecesse?" e tantas outras que esse tipo de morte provoca. Questões ligadas ao julgamento moral, religioso, à busca por sinais para impedir que o ato tivesse acontecido e o incentivar as pessoas a buscarem ajuda me afetaram a tal ponto que, quando terminei a dissertação, sentia-me convocado a fazer alguma coisa no âmbito da prevenção ao suicídio, acreditando que, se as pessoas soubessem interpretar os "sinais", "os pedidos de ajuda", poderiam impedir que esse tipo de morte acontecesse. Isso me levou a ministrar palestras, participar de rodas de conversas em diversos ambientes (escolas, universidades, empresas, igrejas, dentre outros), com os mais variados públicos (adolescentes, universitários, profissionais da

ESTAÇÕES DE VIDA E MORTE: RASTROS DE PREVENÇÃO AO SUICÍDIO

saúde, professores, religiosos), falando de maneira alinhada às orientações da OMS de como identificar sinais de comportamento suicida, como abordei na introdução.

Depois, quando me tornei voluntário do CVV e na medida em que ia atendendo às exigências institucionais, dentre elas tempo no voluntariado, pude fazer algumas formações para falar de suicídio em nome do CVV. Permaneci na instituição de 2015 até 2019, onde exerci funções de vice-coordenador e coordenador do posto de Chapecó. O coordenador representa o posto perante a sociedade, facilitando a comunicação entre o Posto, Mantenedora, a Regional e a sociedade. Dentre as tarefas da coordenação prescritas no "Manual do programa CVV", estão:

- zelar pelo cumprimento das normas prescritas no Regimento, visando o melhor atendimento das finalidades do Posto;
- contribuir para que o grupo trabalhe com harmonia e foco nas finalidades do Posto;
- fazer relatórios mensais e anuais das atividades do Posto, remetendo cópias à Mantenedora, à Coordenação Regional e ao Boletim do CVV;
- zelar pelo imóvel onde funciona o Posto;
- apoiar Coordenações e ou Comissões para desempenho de tarefas em situações emergenciais;
- interagir periodicamente com os membros do Grupo Executivo para discussão e estudo de assuntos referentes ao Posto (CVV, 2021, p. 81, grifos meus).

Para estar à frente do posto, é exigido do coordenador algumas formações, tendo em vista que ela é o representado legal do posto CVV na cidade. Para realizar alguns cursos, é necessário atender alguns pré-requisitos estabelecido pela instituição CVV. A última formação que fiz no CVV foi em março de 2019, de "Porta-Voz", nome dado ao voluntário encarregado de falar com a imprensa. "A importância do porta-voz é garantir a uniformidade da mensagem do CVV em âmbito nacional" (CVV, 2017, p. 6).

Em 2019, em virtude dos deslocamentos que o processo de doutorado me proporcionou, passei a questionar o alinhamento do CVV com o Ministério da Saúde, bem como a compreensão de prevenção que se faz, o que me levou a pedir afastamento das funções que desempenhava. Abordarei mais adiante a história do CVV, a formação do voluntariado e a compreensão que é feita de prevenção ao suicídio na instituição.

A construção de uma tese e a delimitação de um campo a ser pesquisado são processos interdependentes, permeados pelas experiências que nos constituíram, que nos assujeitaram e nos subjetivaram. Foucault (2014, p. 290) já havia alertado: "escrevo porque não sei, ainda, exatamente o que pensar sobre essa coisa em que tanto gostaria de pensar". Pelo que escrevi anteriormente, é possível perceber que a coisa que eu gostaria de pensar no doutorado sempre foi o suicídio. Mas muitas perguntas feitas sobre esse tema foram (re)colocadas muitas vezes, pois o pensamento está em movimento e muitas questões puderam ser levantadas e (re)colocadas, visto que eu estava acompanhando um processo de transformação no modo de lidar com a automutilação, as tentativas de suicídio e os suicídios.

Em meio a todas as movimentações que eu estava fazendo e observando, dou-me conta de que estava acompanhando o processo de implantação em todo território nacional o número de atendimento 188, que, devido à série *13 Reasons Why* e ao jogo *Baleia Azul*, o CVV ganhou outras visibilidades, passando a ser uma peça estratégica na Política Nacional de Prevenção da Automutilação e do Suicídio, instituída pela Lei n.º 13.819, de 26 de abril de 2019. Tudo isso motivou-me a tomar a cartografia como método, uma vez que eu estava inserido no campo em que a pesquisa foi se construindo e os objetivos da pesquisa emergiram a partir das problematizações que o processo de doutoramento me proporcionou.

Nesse percurso, deixei-me afetar pelos movimentos da pesquisa, fui cartografando as "linhas de composição, incluindo a diversidade de interesses, as alianças e os dissensos" (Kastrup & Passos, 2013) que habitam o campo da prevenção ao suicídio no Brasil. Pude perceber que o ato de interromper a vida passou a ser compreendido e narrado como suicídio, um acontecimento que se articula e se compõe na contemporaneidade, com um plano de forças complexo. Recorri à cartografia, visando tomar as experiências construídas a partir do trabalho que desenvolvia no âmbito da prevenção ao suicídio.

Apresento a seguir alguns ditos que cartografei sobre o suicídio no processo de doutoramento, no intuito de descrever paisagens vistas nessa trajetória, bem como linhas de forças que permeiam esse campo:

– "É uma temática muito difícil."

– "Eu não conseguiria pesquisar sobre isso."

– "Nossa, realmente a depressão é coisa triste."

– "Por que tantas pessoas se suicidam?"

– "Diz para mim que meu filho não vai para o inferno, ele morreu ano passado de suicídio."

– "Ando muito angustiado, eu quero morrer!"

– "Por que eu não posso querer morrer?"

– "Meu amigo se suicidou."

– "Não sei como lidar com isso."

– "Como pode, ele estava sempre na igreja, ninguém acreditou quando falaram que ele havia se suicidado."

– "Ele desistiu da vida."

– "Devia estar sofrendo muito."

– "O que será que estava fazendo mal para ele?"

– "Devia estar passando por problemas."

– "É uma fuga da dor, da realidade."

– "Perdeu a esperança na vida."

– "Não viu outra saída."

– "Renunciou, desistiu da vida."

– "Devia estar com um sofrimento emocional muito grande."

– "Um ato de coragem."

– "Um assunto banalizado, cercado de tabus."

– "Na verdade, ele queria se livrar da dor, não da vida."

– "Acabou com os problemas que estavam dentro dele."

– "O limite de um sofrimento, onde somente a morte pode resolver."

– "Um estado crônico de desconforto."

– "Precisava de ajuda."

– "A pessoa não quer morrer, mas se livrar da dor."

– "Ela cansou da sua vida."

– "Devia estar se sentindo muito vazio."

Nas palestras que ministro, sempre deixo meus contatos (WhatsApp, Instagram), caso alguém queira ou precise falar comigo posteriormente. É comum as pessoas fazerem perguntas e/ou comentários nas redes sociais depois das palestras, "confessarem" tentativas de suicídio, bem como questionarem sobre como ajudar alguém que está dizendo que vai se matar. Os fragmentos relatados anteriormente a retratam modos de compreender e de relacionar-se com o suicídio na atualidade. Tomarei as experiências do campo em que transitei para compor os fios que tomo para tecer considerações e tensionar as práticas de prevenção ao suicídio.

A maioria das produções científicas com as quais tive contato até então sobre o suicídio reitera o que vem sendo divulgado/proposto nos manuais da OMS: o suicídio como sendo consequência de um adoecimento mental. A partir do ingresso no doutorado, fui deixando-me ser afetado pelos encontros e senti a necessidade de historicizar a compreensão que eu estava fazendo sobre suicídio e, consequentemente, sobre a prevenção a esse tipo de morte, visto que naquela ocasião, minha atuação no campo da prevenção estava alinhada ao CVV.

No campo em que circulei, tomei conhecimento de muitos casos de tentativas e/ou suicídio relatados verbalmente ou pelas minhas redes sociais, de ditos, de bilhetes de despedida postados em redes sociais, documentos, produção audiovisual (filmes, séries, materiais pedagógicos e acadêmicos) sobre o suicídio. Fui cartografando-os, tomando nota em um diário de campo, onde escrevia livremente o que sentia e era mobilizado a pensar sobre aquelas produções. Outras vezes, exercitava o falar livremente em áudio (que transcrevia em texto) direcionado a mim mesmo no WhatsApp, lançando um "olhar provisório" sobre as diferentes experiências que essa produção de materialidade me proporcionava. As materialidades foram salvas em uma pasta on-line, as quais recorro frequentemente em busca de diálogos com os objetivos propostos nesta escrita.

Kastrup (2012) explica que a cartografia contribui para o estudo da dimensão processual da subjetividade e de seu processo de produção. Esse método tem como objetivo "desenhar o plano de forças a qual o objeto ou fenômeno em questão se encontra conectado, dando conta de suas modulações e seu movimento permanente" (Barros & Kastrup, 2012, p. 57). Dentre as forças que tensionam a temática de pesquisa estão: o que é tomado como prevenção? Como se articulam os serviços para prevenir o suicídio? Aceitando por um instante a afirmação de que é consequência de uma doença mental, como está a preparação do Sistema Único de Saúde (SUS) para acolher essa demanda? O suicídio nem sempre está associado à doença mental, mas, quando está, como se concebe sofrimento/doença? Algo do indivíduo? E se o adoecimento (certo pathos) está vinculado a sua sensibilidade/emoção provocada por certas condições de vida?

Em 2019, fui chamado em um Centro de Atenção Psicossocial Álcool e Drogas (CAPs – AD) para fazer uma intervenção com os servidores, pois um usuário do serviço havia se suicidado dentro da instituição. Esse acontecimento gerou alguns conflitos na equipe. Eu realizei sete encontros com a equipe, em um formato de roda de conversas. No primeiro encontro, participou toda a equipe, visando proporcionar um espaço de fala aos participantes; resolvemos dividir em dois grupos, um matutino e outro vespertino. E realizamos três encontros por período. Todos os encontros versaram sobre o suicídio e o processo de luto. O que passou a compor o diário dos afetos de minha pesquisa. Chamou-me atenção o sentimento de culpa que circundava membros da equipe: "me sinto culpada, porque foi no meu plantão", "eu não percebi que ela iria fazer isso", "naquele dia ela estava bem, havia tomado os medicamentos". Busquei trabalhar os sentimentos que emergiram nos encontros, proporcionando um espaço de acolhimento aos enlutados, bem como compreender e manejar o sentimento de culpa que os membros da equipe estavam sentindo.

Destaco a fala da profissional da psiquiatria no encontro, onde ela relata ter ouvido falas de colegas insinuando que ela teria errado, pois o usuário não se suicidaria se tivesse sido medicado adequadamente. Ela mostrou que vinha acompanhando essa pessoa a certo tempo, que a dosagem do medicamento estava sendo adequada e, ainda, que cada organismo reage de uma forma diferente aos medicamentos. Buscando ampliar a compreensão sobre o caso, lancei a seguinte pergunta: quando o usuário do serviço morreu? Então, buscaram reconstruir um pouca da história de vida daquela pessoa, lembraram das outras vezes que ela havia frequentado o serviço, das violências que marcavam a vida daquela pessoa, bem como a dependência de alguns entorpecentes, que a levou a viver em situação de rua.

As rodas de conversas antecederam o mês de setembro, e já estava em curso a campanha que a prefeitura estava organizando sobre o "Setembro Amarelo" — abordarei mais adiante essa temática —, e uma profissional relatou: "tenho raiva dessa campanha; é como se o suicídio só ocorresse em setembro; o tempo todo é dito 'se você precisar, busque ajuda', mas quando as pessoas precisam de ajuda, agendar uma consulta, não tem profissional".

Relata a psiquiatra e a telefonista confirma: "eu tenho 15 minutos para atender uma pessoa; como posso dar conta da demanda que vem para cá? E se eu recuso atender, a coordenação me cobra".

Foi relatado pelos profissionais que trabalham no acolhimento, o quanto a realidade em que vivem as pessoas as faz sofrerem: "a gente não acredita como que as pessoas podem estar morando naquelas condições", "A gente sai do serviço vai para casa e fica imaginando aquelas pessoas, o sofrimento deles", "Eu não consigo, vou pedir para sair, quero ser transferida", "Ver crianças passando necessidade ou naquelas condições me corta o coração", "A gente se vê impossibilitado de ajudar, porque os serviços tem suas limitações também". Percebi, assim, por meio dos relatos, o sentimento de impotência diante dos desafios em que os serviços os colocam. Mais adiante, analisarei os desafios da prevenção do suicídio frente à precarização das condições de vida em que determinados grupos se encontram.

A trama que circunda os suicídios é complexa. Logo, faz-se necessário renunciar às perspectivas deterministas, que buscam justificar o ato de pôr fim à vida em termos de causa e efeito. Antes, é preciso buscar rearticulá-lo a um horizonte mais amplo. Faz-se necessário refletir sobre as condições de existência em que cada sujeito se encontra. Como falou Carlos Estellita-Lins, pesquisador do Instituto de Comunicação e Informação Científica e Tecnológica em Saúde (Icict/Fiocruz), em uma entrevista concedida à Associação Brasileira de saúde coletiva (ABRASCO) em 2018.

> É preciso olhar para o fato de que o suicídio está geralmente associado ao sofrimento psíquico, a situações de estresse e de pressão e, inclusive, à crise socioeconômica que nosso país atravessa. Vivemos em um modelo de sociedade hipertecnológico, que promete rapidez e facilidades, mas acaba promovendo estresse, burnout [síndrome caracterizada por distúrbio psíquico de caráter depressivo, precedido de esgotamento físico e mental intenso] e sobrecarga. [...] Fala-se em valorização da vida, pois todo tratamento inadequado da existência e qualquer pressão ambiental circunstancial podem levar ao suicídio. *Se for possível intervir preventivamente, trata-se de produzir algum tipo de transformação nos modos de vida* e, portanto, compreender que diminuir as taxas de suicídio é uma tarefa para todos, está no coração da saúde pública (Estellita-Lins, 2018 grifos meus).

É preciso interrogar sobre quando morreu aquele sujeito que decidiu interromper a vida. Mas o que é vida? Mais precisamente, o que é a

ESTAÇÕES DE VIDA E MORTE: RASTROS DE PREVENÇÃO AO SUICÍDIO

vida de um ser humano? O que e quem a define? Tais questionamentos orientaram minhas análises, que se lerão mais adiante. A vida pode cessar muito antes de o sujeito morrer. O nosso modo de vida atual, estrangulado pela governamentalidade neoliberal, pode interrompe o desejo de viver, dependendo da posição que tu te encontras. O que me leva a olhar se esse tipo de morte não é uma re/denúncia a viver desta forma. Estellita-Lins corrobora essa compreensão ao analisar que o "suicídio é uma morte violenta que está associada a *situações violentas*, a *ambientes de violência* e a um desfecho violento" (Estellita-Lins, 2018, grifos meus).

Nesse sentido, acredito que se faz necessário olhar para um horizonte mais amplo e não apenas para o individual, isto é, para todo o contexto social que produz os sujeitos e impõe determinados modos de vida. Logo, as práticas de prevenção ao suicídio precisam olhar para esse horizonte mais amplo. Suas ações, porém, estão estritamente alinhadas ao tipo de compreensão que majoritariamente se faz desse tipo de morte, como consequência de um adoecimento mental. Assim, as intervenções são direcionadas no âmbito individual, e não coletivo.

Iniciei o doutorado pensando o suicídio de modo individualizante. Ao analisar meu percurso de mestrado, minha inserção no âmbito de voluntariado, observo que busquei sinais, justificativas, explicações individualizantes para compreender o suicídio, pois cheguei a conclusões como: "os sinais, verbalizados ou não, podem ser um grande indicativo de que a pessoa está querendo tirar a vida, ou mesmo conduzindo a uma despedida" (Sbeghen, 2015, p. 73) ou, ainda: "os enlutados, além de procurarem entender o motivo pelo qual seu ente querido cometeu suicídio, procuram também por sinais que porventura eles tinham dado de sua intenção e plano" (Sbeghen, 2015, p. 72). Há uma grande diferença no modo de compreender e analisar o suicídio, quando se olha para além do indivíduo, para as redes de relações e condições sócio-político-econômica-culturais que constitui o sujeito, para os modos como a vida é governada e conduzida; compreensão essa que minha inserção no doutorado possibilitou, pelas leituras pós-estruturalistas e pelas redes de contatos (Grupos de pesquisa LECOPSU, disciplinas realizadas na PPG de Psicologia Social e Institucional da UFRGS). Percebi que muitos dos elementos do campo de pesquisa eram naturalizados por mim, muitas vezes capturados por discursos individualizantes, efeitos das leituras, compreensão de mundo, de sujeito e da própria prevenção ao suicídio e dos serviços de voluntariado no CVV, em que estava inserido.

Devido ao meu envolvimento e curiosidade com a temática da prevenção ao suicídio, passei a fazer parte de vários grupos nas redes sociais e no WhatsApp após a defesa do mestrado. Esteve presente em minha banca de defesa, uma das principais referências na prevenção e prevenção do suicídio no Brasil, Karina Okajima Fukumitsu[17], que me desafiou a desbravar a prevenção ao suicídio na região oeste do estado de Santa Catarina. Em fevereiro de 2015, organizamos um evento sobre prevenção ao suicídio na universidade em que trabalho (Universidade do Oeste de Santa Catarina – UNOESC) e contamos com a ilustre presença da Karin, e meu envolvimento com a temática da prevenção se fez cada vez mais intenso. Passei a ser uma referência na temática na universidade. Sempre que acorrem situações envolvendo a temática, sou acionado, seja para supervisionar os atendimentos realizados por meus orientados clínicos, seja para prestar algum serviço (palestras, entrevistas) para a comunidade.

Kastrup e Passos (2013) observam que o campo de pesquisa geralmente coloca o pesquisador diante de um território que ele não conhece e em relação ao qual pretende fazer avançar o entendimento e as práticas de trabalho. Em meu percurso, eu já habitava o campo, pois já havia pesquisado a temática do suicídio anteriormente e estava "militante" na prevenção. Então, precisei rever minhas lentes, uma vez que "a pesquisa cartográfica sempre busca a investigação da dimensão processual da realidade" (Kastrup e Passos, 2013, p. 265).

Sabendo que não há um ponto de partida, um passo a passo nessa proposta de pesquisa, o cartógrafo se coloca no campo para aprender e deixar ser afetado por aquilo que consegue ver. Estar no campo exige disponibilidade para olhar, ver, refletir e compor, como se fosse um artesão que trabalha com objetos recicláveis, pois qualquer coisa dessa natureza se apresenta ao cartógrafo como sendo uma potente obra de arte. Para isso, é necessário praticar. Como diz Kastrup (2019 p. 102), "começar pela prática é começar pelo meio, num corpo a corpo com o campo, habitando o território da pesquisa".

O campo da prevenção do suicido é recente no Brasil, Fukumitsu relata que teve dificuldades em publicar seu primeiro livro, *Suicídio e Gestal-t-Terapia*, fruto de seu mestrado, já que ouviu de editoras que essa temática não vendia. Ela estuda a temática da prevenção ao suicídio desde 2000

---

[17] Mais informações sobre a autora e suas produções pode ser obtidas em seu web site disponível em: https://www.karinafukumitsu.com.br/about.

e com mais afinco desde 2004 (Fukumitsu, 2013). A recusa do título da temática naquele período nos leva a olhar para as condições de emergências dos últimos anos, uma vez que a temática passou a ser vendida nos mais variados espaços: músicas, filmes, séries, jogos, aplicativos, livros, palestras.

Pude perceber, ao longo desse meu envolvimento com a temática pesquisada, mudanças no modo como o suicídio passou a circular nas mídias digitais e nas redes sociais no Brasil. Como anuncia uma chamada de um Café Filosófico, que diz: "até muito pouco tempo, seria impensável falar do suicídio em um programa de televisão". Atualmente campanhas abordam porque precisamos discutir as formas de prevenção[18].

Atento aos ensinamentos de Foucault (2015), a observância de alguns elementos é fundamental para compreender a produção discursiva sobre o ato de interromper a vida, tais como: quem, dentre os sujeitos falantes, possui legitimidade para falar; qual seu *status*; em que campo de saber se insere e se apoia; qual o lugar de onde fala; em quais instituições se apoia para falar; quais relações (conflitos) hierarquicamente com outros saberes podem ser observadas e a relação que estabelece com elas; que posições de sujeito ocupa para incitar, fazer circular tais saberes.

Ao longo da minha graduação em Psicologia (2005-2010), pouco se falou em suicídio, mesmo quando esse tipo de morte envolvia estudantes da universidade em que estudei. Esse é um tema pouco estudado diretamente nos cursos de graduação de Psicologia. Delgado (2016) realizou seu trabalho de conclusão de curso (TCC), sob minha orientação, fazendo um levantamento junto aos profissionais de Psicologia e com os coordenadores de cursos de Psicologia de instituições de ensino superior situadas no estado de Santa Catarina, com o objetivo de conhecer a preparação proporcionada para os profissionais em relação ao suicídio. Foi enviado um questionário a profissionais formados em Psicologia nesse estado, bem como para a coordenação dos cursos e foram analisados os Projetos Pedagógicos dos cursos de Psicologia a que tivemos acesso, visando verificar se havia uma disciplina específica para estudar a temática do suicídio. Os profissionais formados que estavam atuando na área da psicologia sentiam-se despreparados para atender às demandas de ideação ou às tentativas de suicídio, alguns relataram que faziam encaminhamento desse tipo de demanda para outros profissionais da área, pois não se sentiam em condições de atender. Também teve profissional que respondeu que atendia, desde que estivesse fazendo

---

[18] Disponível em: https://institutocpfl.org.br/evento/cafe-na-tv-porque-e-preciso-falar-de-suicidio/.

acompanhamento psiquiátrico também. Em nenhuma das instituições analisadas encontramos uma disciplina que abordasse diretamente o tema pesquisado. Constatou-se que a temática era abordada em eventos e/ou de forma transversal nas disciplinas.

A campanha "Setembro Amarelo" foi criada em 2015 por uma soma de forças entre o CVV, Conselho Federal de Medicina (CFM) e a Associação Brasileira de Psiquiatria (ABP), visando chamar a atenção da sociedade para prevenção ao suicídio. No decorrer desses seis anos, essa campanha ganhou uma grande visibilidade nas redes sociais, bem como na sociedade brasileira como um todo. Vale ressaltar que o CVV já desenvolve trabalhos no âmbito da prevenção ao suicídio desde os anos 60 no Brasil. Mas foi em tempos de uma sociedade conectada em redes sociais, que emergiu um mês para "falar" sobre suicídio.

A cor amarela é inspirada na história de Mike Emme, um jovem americano de 17 anos, que vivia em Westminster, Colorado, e que se suicidou em 8 setembro de 1994. Uma das grandes paixões de Mike era seu carro, um Mustang 68 hardtop, que fora restaurado e pintado na cor amarelo brilhante pelo próprio Mike, como se pode observar na imagem a seguir.

Imagem 2
Mike e sua paixão amarela

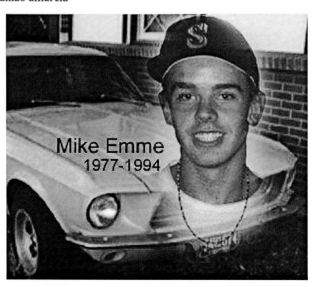

Fonte: www.yellowribbon.org

Amigos e familiares, comovidos com o acontecimento, distribuíram no funeral cartões com fitas amarelas com a seguinte mensagem: "Se precisar, peça ajuda". A ação ganhou grandes proporções e expandiu-se pelo país. Os pais de Mike, Dale Emme e Darlene Emme, iniciaram uma campanha de prevenção do suicídio chamada "*yellow ribbon*" (fita amarela). Vale observar que, 20 anos após a morte de Mike, as fitas e o amarelo ganharam visibilidade no Brasil, o que nos leva a analisar as condições de emergência dessa campanha, bem como as transformações no modo de abordar, falar sobre o suicídio nas redes sociais e nas mídias digitais.

Figura 9
Campanha fita amarela

Fonte: www.yellowribbon.org

Dentre as frentes de trabalho "Yellow Ribbon", há um programa internacional de prevenção de suicídios chamado "Light for Life Foundation®", que é dedicado a prevenir o suicídio e as tentativas, buscando tornar a prevenção do suicídio acessível a todos e removendo as barreiras para ajudar. O programa tem por objetivo capacitar indivíduos e comunidades por meio de liderança, conscientização e educação e colaborando e fazendo parceria com redes de apoio para reduzir o estigma e ajudar a salvar vidas.

Os slogans do programa — "Se precisar, peça ajuda" e "Luz para a vida" — sinalizam a individuação do suicídio, fruto da forma como a temática é compreendida e abordada de modo majoritário nos dias atuais, bem como a estratégia de capacitar pessoas para ajudar, que, muitas vezes, reduz-se a uma escuta telefônica.

Em 2003, a *International Association for Suicide Prevention* (IASP), com o endosso da Organização Mundial da Saúde (OMS)[19], com o objetivo de chamar a atenção para os problemas do suicídio em todo o mundo, lançou o dia 10 de setembro como sendo um dia mundial de prevenção a esse tipo de morte. Não se sabe exatamente o motivo da escolha do dia 10, mas o Mike Emme morreu às 23:45 do dia 8 de setembro de 1994. Provavelmente, seu funeral deve ter ocorrido no dia 10/09, mas a mobilização dos amigos e familiares, o memorial, a distribuição do lacinho amarelo ocorreram a partir dessa data.

No Brasil, inspirado no Outubro Rosa[20], buscou-se ampliar de um dia para um mês a campanha. O Setembro Amarelo surgiu associado ao slogan: "Falar é a melhor solução". Uma campanha de conscientização sobre a prevenção do suicídio, com a proposta de associar a cor ao mês que marca o Dia Mundial de Prevenção do Suicídio (10 de setembro).

Figura 10
Falar é a melhor solução

Fonte: www.cvv.org.br[21]

Pude observar que a ABP e o CFM, posteriormente à criação do mês dedicado à prevenção, passaram a divulgar o Setembro Amarelo®, como marca registrada e destacaram o "agir" para salva vidas. No site setembroamarelo.com, administrado pelas instituições, em um *link* intitulado "encontre ajuda", aponta-se que "96,8% dos casos de suicídio registrados estão associados com

---

[19] Disponível em: https://www.iasp.info/wspd2021/.
[20] Um mês para ações de prevenção, inspira-se no outubro rosa, mês que ocorre a campanha de conscientização sobre a importância da prevenção e do diagnóstico precoce do câncer de mama, o câncer de colo do útero, que acontece no Brasil desde 2002.
[21] Disponível em: https://www.cvv.org.br/blog/setembro-amarelo-mes-de-prevencao-do-suicidio/.

histórico de doenças mentais, *que podem ser tratadas*". O que reforça a lógica a individualização e como o saber-médico-psiquiátrico intervém de modo medicamentoso para tratar os sofrimentos, que podem ter causas muito diversas, dentre elas o social, o contexto, o modo e as condições de vida.

Acrescentam ainda que "a *informação correta* direcionada à população é muito importante para orientar e prevenir o suicídio" e destacam com letras em negrito a seguinte informação: "**se você acha que está tendo problemas relacionados à sua saúde mental ou conhece alguém que está passando por alguma dificuldade**, *procure um de nossos psiquiatras associados ou uma de nossas federadas*" (setembroamarelo.com[22], grifos meus).

Figura 11
É preciso agir!

Fonte: setembroamarelo.com[23]

Falar e agir são forças que tensionam o campo da prevenção ao suicídio, o modo como se compreende esse ato e o modo como cada instituição vai direcionar suas práticas para diminuir os índices de suicídio. Ambas acreditam que a divulgação é um caminho da prevenção. "Divulgue a campanha entre os seus amigos e nos ajude a salvar vidas!" (setembroamarelo.com, 2021). A concepção de prevenção e o tipo de intervenção indicada pelo CFM/ ABP e CVV são diferentes. Na cartilha elaborada pela CFM/ABP (2014), aponta-se que o "reconhecimento dos fatores de risco e dos fatores protetores é fundamental e pode ajudar o profissional de saúde a *determinar clinicamente o risco* e, a partir desta determinação, estabelecer estratégias para reduzi-lo". *Os médicos ainda não podem prever exatamente quem irá se suicidar, mas podem*

---

[22] Disponível em: https://www.setembroamarelo.com/.
[23] Disponível em: https://www.setembroamarelo.com/.

tentar reduzir os riscos. O detalhado conhecimento dos fatores de risco pode auxiliar os médicos a delimitarem populações nas quais os eventos poderão ocorrer com maior frequência (CFM/ ABP, 2014 p.16, grifos meus).

A ação médica pode, para além de reconhecer o risco, agir para reduzi-los. Compreendem como risco a tentativa prévia de suicídio e doença mental. De acordo com a CFM/ABP (2014, p. 16), "pacientes que tentaram suicídio previamente têm de cinco a seis vezes mais chances de tentar suicídio novamente. Estima-se que 50% daqueles que se suicidaram já haviam tentado previamente". Nesse sentido, a ação estaria centrada no intervir para que o paciente não venha efetuar a morte. Mas como "agir", como intervir? São questões que ficam latentes.

Passei a compreender que a prevenção ao suicídio deveria levar em consideração o conjunto de fatores que gera sofrimento, podendo levar ao adoecimento e, em alguns casos, ao suicídio. Mas também compreendendo que os suicídios não ocorrem só por consequência de adoecimentos.

Dentre as redes de contatos que passei a estabelecer sobre a prevenção do suicídio, destaco duas: o CVV e um grupo no WhatsApp chamado "Prevenção do Suicídio" criado por Lúcio Mario[24], em 10/09/2017, e que, em 16 de março de 2021, possuía 180 participantes, em sua grande maioria, psicólogos de várias regiões do Brasil. Em uma conversa via WhatsApp, Lúcio me relatou que criou o grupo com o objetivo de divulgar, disseminar, debater temas da prevenção ao suicídio entre profissionais da área da saúde e afins. O grupo surgiu de uma postagem dele no Facebook, que chamava os profissionais para construir essa rede. Hoje, o grupo é administrado por ele e por uma amiga. Tomei conhecimento e passei a fazer parte desse grupo em setembro de 2018.

Quando fui voluntário no Centro de Valorização da Vida (CVV), também participei de outros grupos em redes sociais e WhatsApp. Havia os grupos locais (posto de Chapecó), os regionais (Regional Santa Catarina) e o nacional. A participação está diretamente vinculada às funções que cada voluntário desempenha na rede CVV. Por ter ficado à frente na coordenação, participei de vários grupos de CVV, nos três níveis mencionados. Nesses grupos (CVV e Prevenção do Suicídio), circulam diariamente imagens, ditos, frases, dicas de leituras de livros, filmes, vídeos, reportagens sobre a temática do suicídio, que também compõem a materialidade de análise, as experiências do pesquisador.

---

[24] O Lucio também tem um página disponível em https://luciomario.com.br/ na qual narra seu percurso e envolvimento com a temática da prevenção do suicídio, bem como alguns dos trabalhos desenvolvidos.

Nos meses que antecedem e sucedem setembro (devido ao Setembro Amarelo), a circulação de matérias aumenta de forma significativa. Vale ressaltar também que muitos colegas, alunos, dentre outros, sempre que se deparavam com imagens, reportagens, materiais sobre suicídio me encaminhavam e/ou marcavam nas redes sociais, o que muito contribuiu para compor a materialidade de análises.

Ao abordar o processo da construção da prevenção ao suicídio no Brasil, deixei-me ser afetado pelos mais variados espaços, nas redes sociais, noticiários, dentre outros. Em diálogos com a orientadora, com o grupo de pesquisa, percebi que a potência das reflexões estava nos encontros, nas provocações feitas sempre que a temática entrava em cena. A compreensão que fazia sobre o suicídio era individualizante, patologizada. O processo de doutoramento me proporcionou uma (des)construção. Deixei-me ser afetado por outras possibilidades de olhar, problematizar, analisar e compreender o suicídio, articulando-o a um horizonte em que certas condições de vida produzem sofrimentos e que tais sofrimentos podem motivar alguém a interromper a vida. Compreendo que muitas das ações realizadas, tidas como prevenção, são estratégias de coibir, de não deixar que esse tipo de morte aconteça. Compreendo também que a prevenção precisa se articular com o horizonte mais amplo, que aqui aponto, o modo de vida capturado e regido pela arte neoliberal de governar, que reduz a vida em biológico, em vida nua, vida besta como analisou Peter Pál Pelbart.

Diante dessa compreensão, passei a (re)visitar artigos, livros, postagens em redes sociais, imagens que circulavam nos grupos dos quais faço parte, notícias sobre suicídio, comentários postados em sites ou redes sociais sobre suicídio que chegaram até mim, orientado por uma atenção cartográfica. Como sinaliza Kastrup (2019 p.101), a atenção do cartógrafo

> É uma atenção ao mesmo tempo concentrada e aberta, que faz inicialmente uma varredura no campo, um rastreio sem alvo pré-definido. Podemos chamá-la de flutuante, como sugeriu Freud ao descrever a atenção do analista, ou de uma atenção espalhada e distraída, que vagueia sem ponto de ancoragem fixo. Sem piloto, comando ou controle, ela varre o campo até encontrar algo que, em função do estranhamento gerado, toque a atenção do cartógrafo e coloque um problema. (Kastrup, 2019 p. 101).

Muitos estranhamentos puderam ser percebidos ao cartografar os encontros e a produção da materialidade. Hoje, estranho o que era naturalizado em mim, como a individualização, a patologização que majoritariamente se faz desse tipo de morte, e muito presente nas tidas ações de prevenção.

Visando conhecer e analisar o modo como a temática do suicídio é pesquisada no Brasil, realizei, em 30 de abril de 2018, uma pesquisa no portal do Scielo com a palavra "suicídio" no tópico "assunto". Foram localizados 269 artigos em português. Extraí as palavras-chave de todos os artigos e percebi que não apareceram os termos "biopolítica" e "biopoder", conceitos fundamentais para refletir sobre a vida e sobre a morte na perspectiva de Foucault. Destacaram-se em primeiro plano as palavras: epidemiologia (31 vezes), transtorno (29 vezes) e riscos (25 vezes); depois, as palavras: saúde, idoso, depressão, dentre outras. A figura apresentada a seguir traz imagem gerada, com auxílio do programa IRaMuTeQ.07[25], da incidência das palavras-chaves presentes nos artigos levantados.

Figura 12
Termos utilizados nas produções científicas brasileiras sobre o suicídio

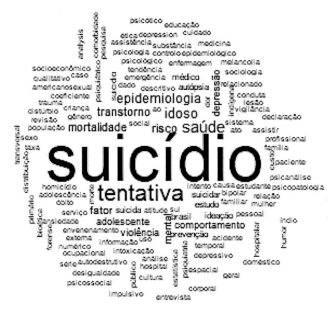

Fonte: imagem gerada pelo programa IRaMuTeQ

---

[25] O programa IRAMUTEQ é um software livre, criado por Pierre Ratinaud, e atualmente conta com dicionários completos em várias línguas. No Brasil, ele começou a ser utilizado em 2013 em algumas pesquisas sobre representações sociais; entretanto, outras áreas também passaram a utilizar esse *software*, que possibilita diversas formas de processamento de dados qualitativos e diferentes formas de análises estatísticas de textos (Souza, Wall, Thuler, Lowen & Peres, 2018).

De certa forma, as produções científicas brasileiras, em sua grande maioria, abordam a temática do suicídio como consequência de transtornos mentais, reiterando as produções e as perspectivas psicopatologizantes da OMS. A palavra "idoso" aparece maior na imagem anterior, talvez porque seja mais focalizada por pesquisadores, uma vez que essa população apresentava maior incidência desse tipo de morte. Em 2018, o Ministério da Saúde divulgou um relatório que aponta uma taxa maior de suicídio entre aqueles com mais de 70 anos. Enquanto a média nacional é 5,5 por 100 mil habitantes, naquela faixa etária a média registrada foi 8,9 mortes por 100 mil nos últimos seis anos.

Ao ler as palavras-chaves (assunto), os títulos e os resumos deste levantamento realizado no portal do Scielo, possibilitou-me conjecturar que, praticamente, não foram levadas em consideração nas pesquisas as condições de vida, os modos como somos conduzidos e conduzimos as nossas vidas e/ou a discussão sobre como aquilo que se coloca majoritariamente como sendo consequências de doença mental, depressão, pode estar articulado à racionalidade neoliberal.

Em junho de 2021, foi realizado um levantamento de pesquisas disponibilizadas na Biblioteca Digital Brasileira de Teses e dissertações (BDTD) com a palavra "suicídio", delimitada no filtro a partir de 2019, pois buscou levantar pesquisas que pudessem estar tensionando a Lei n.º 13.819, de abril de 2019, sobre a prevenção ao suicídio. Apresentou 107 trabalhos, sendo 2 repetidos. Dos 105 trabalhos, foram lidos os títulos, os resumos e as palavras-chaves. Alguns foram selecionados para ler capítulos ou a totalidade. Nesse levantamento, as palavras neoliberalismo e biopolítica apareceram apenas uma vez cada dentre as palavras-chaves. A lei supracitada não apareceu nos descritores dos trabalhos, mas pude constatar em uma tese que o autor mencionou a criação da lei.

Buscamos pensar a partir do conceito de biopolítica, pois, assim como Lopes (2003), acreditamos que a vida e a morte, as formas de viver e morrer, não se localizam fora da história ou do campo do poder político. Para esse autor, a vida é o alvo a ser atingido, e a medicina, instrumento privilegiado de mediação entre o Estado e a sociedade. Para tanto, foi desenvolvida toda uma articulação científica e política centralizada na norma, nas referências médicas, nos desvios estatísticos, visando antecipar os riscos em nome do imperativo "fazer viver".

> No Brasil, principalmente ao longo do século XIX, vários saberes e discursos, sobretudo os médicos-científicos, os literários e os jornalísticos, dedicaram-se a criar, propor e

> veicular temas, imagens, sentidos e valores a tudo e a todos
> que se envolveram com o suicídio: sujeitos, instintos, pai-
> xões, impulsos, desejos, práticas, meios, estratégias e espaços
> foram mapeados, focalizados, denunciados e, sobretudo,
> condenados porque permitiriam ou foram permitidos pelo
> ato transformado, historicamente, em tragédia, desgraça,
> desrazão e desordem, ou seja, pelo suicídio. (Lopes, 2011 p. 1).

Para administrar a vida, o poder se apropria dos processos biológicos para controlá-los e eventualmente modificá-los. Nesse movimento, Foucault (2017, p. 154) apresenta o conceito de biopolítica "para designar o que faz com que a vida e seus mecanismos entrem no domínio dos cálculos explícitos e faz do poder-saber um agente de transformação da vida humana". Na biopolítica, os novos objetos de saber são colocados a serviço do poder por meio dos dispositivos governamentais de acompanhamento, controle, gestão e promoção da vida, no nível do indivíduo e da população, por meio dos mecanismos disciplinares e regulatórios; embora distintos, eles estão intimamente relacionados.

A defesa de Lopes (2012) é de que a biopolítica participou e ainda participa das operações de significação do suicídio, haja vista a estrutura criada e compartilhada até os dias atuais, na qual se regula a noção de quem está sujeito a cometer o ato, em quais condições e contextos.

Assim, pela pesquisa e análise realizada sobre a produção científica brasileira a respeito do suicídio, constatou-se que faltam produções que abordem esta temática a partir das formas de inteligibilidade da biopolítica/biopoder, das condições e modos de vida no contemporâneo, levando-nos a analisar as práticas de prevenção ao suicídio na contemporaneidade. Cabe referir também que não foram encontrados, a partir das pesquisas bibliográficas no Scielo e BDTD, estudos que discutissem a relação do suicídio com os modos de vida na perspectiva da governamentalidade neoliberal. Em função disso, justifica-se a pertinência e relevância da abordagem desenvolvida.

Nesse sentido, em meu percurso de pesquisa, passei a ficar atento aos ditos, às imagens que circulam nos espaços on-line, que pudessem contribuir para pensar e demarcar a singularidade dos diferentes modos de existir, viver, ser afetado e morrer, visando tensionar como o suicídio é compreendido e como se articulam as estratégias de prevenção a esse tipo de morte.

2

ESTAÇÃO DOS (DES)ENCONTROS

Apresentei, anteriormente, a minha inserção no campo da prevenção ao suicídio. Busco, nesta estação, apresentar a história do CVV, a formação do voluntário e os (des)encontros vivenciados nesse processo, bem como apontar e analisar linhas de forças que orientam as práticas de prevenção ao suicídio.

O CVV surgiu quando um grupo de estudantes da Escola Espírita de São Paulo foi desafiado a "colocar em prática uma atividade que exemplificasse a caridade", nos anos 60. Eles queriam "realizar algo novo e significativo". Para tanto, inspiraram-se nos Samaritans, uma instituição que surgiu em Londres, na década anterior, com um propósito semelhante. O livro *CVV - Uma Proposta de Vida*, escrito por três pioneiros da instituição: Flávio Focássio, Jacques A. Conchon e Valentim Lorenzetti, apresenta experiências, iniciativas e o pioneirismo vivenciado pelos fundadores nos 25 anos de existência do CVV, completados em 1987. Conchon relata que, na tarde do dia 28 de julho de 1961, quando o trabalho de visitas às famílias carentes completava o seu primeiro mês, recebeu das mãos do Dr. Milton B. Jardim um envelope de papel manilha, contendo recortes extraídos da revista (hoje extinta) *O Mundo Ilustrado*, versando sobre os *Samaritans* (Focássio, Conchon & Lorenzetti, 1989). De acordo com Santos (2015), o recorte foi enviado pelo então secretário-geral da Federação Espírita, Edgard Armond, sugerindo que fosse feito algo semelhante ao que os *Samaritans* faziam. Os jovens que se reuniam para fazer caravanas fraternas nos bairros de periferia, para conhecer e conversar com as pessoas, colheram "inesquecíveis lições de amor ao próximo e respeito aos semelhantes", relata Jacques Conchon (Focássio, Conchon & Lorenzetti, 1989, p. 25). Pude constatar que esses saberes foram preservados e seguem inspirando o fazer dos voluntários até aos dias atuais.

Após receber a incumbência de organizar um serviço de acolhimento aos que estavam em sofrimento, Conchon e seus colegas se articularam para dar início ao CVV. Após pesquisar, estudar, debater sobre o tema, colocaram para funcionar o serviço de valorização da vida. As atividades tiveram início em uma sala na Federação Espírita, onde os 17 voluntários dispunham de um aparelho de telefone para o atendimento. Eles se organizaram e se revezavam para divulgar o serviço e para a organização do CVV. O objetivo do trabalho naquela época era "trazer as pessoas que atingiram o estágio de 'conspiração silenciosa' para o limite da *suportabilidade da vida*" (franciscajulia[26], grifos meus).

Observo que aquela reportagem enviada por Edgard Armond inspirou de modo significativo a vida daqueles jovens na construção do CVV, que, décadas depois, tornara-se uma das principais referências em prevenção ao suicídio no Brasil.

Outra fonte de inspiração do CVV, de acordo com Santos (2015), são os ensinamentos contidos no livro *Memórias de um suicida*, escrito por Yvonne A. Pereira, considerada uma das maiores médiuns e escritora espírita brasileira. De acordo com Pereira, o livro foi ditado pelo espírito Camilo Castelo Branco.

> Dentre os numerosos espíritos de suicidas com quem mantive intercâmbio através das faculdades mediúnicas de que disponho, um se destacou pela assiduidade e simpatia com que sempre me honrou, e, principalmente, pelo nome glorioso que deixou 'na literatura em língua portuguesa, pois se tratava de *romancista fecundo e talentoso*, senhor de cultura tão vasta que até hoje de mim mesma indago a razão por que me distinguiria com tanta afeição se, obscura, trazendo bagagem intelectual reduzidíssima, somente possuía para oferecer ao seu peregrino saber, como instrumentação, o coração respeitoso e a firmeza na aceitação da Doutrina, porquanto, por aquele tempo, nem mesmo cultura doutrinária eficiente eu possuía! (Pereira, 2015, p. 3, grifos meus).

Camilo Castelo Branco, um escrito português, nasceu em Lisboa, em 16 de março de 1825. Oriundo de uma família da aristocracia, ficou órfão de mãe com 2 anos de idade e de pai aos 10. Aos 40 anos de idade, começara a sofrer problemas visuais. Consultou os melhores especialistas em busca de uma cura, mas foi em vão. No dia 21 de maio de 1890, dita a carta a seguir ao então famoso oftalmologista aveirense, Dr. Edmundo de Magalhães Machado, como relata o Poeteiro Iba Mendes:

---

[26] Disponível em: http://franciscajulia.org.br/quem-somos/historico/.

ESTAÇÕES DE VIDA E MORTE: RASTROS DE PREVENÇÃO AO SUICÍDIO

> Illmo. e Exmo. Sr., *sou o cadáver representante de um nome* que teve alguma reputação gloriosa n'este país durante 40 anos de trabalho. Chamo-me Camilo Castelo Branco e estou cego. Ainda há quinze dias podia ver cingir-se a um dedo das minhas mãos uma flâmula escarlate. Depois, sobreveio uma forte oftalmia que me alastrou as córneas de tarjas sanguíneas. Há poucas horas ouvi ler no Comércio do Porto o nome de V. Exa. Senti na alma uma extraordinária vibração de esperança. *Poderá V. Exa. salvar-me?* Se eu pudesse, se uma quase paralisia me não tivesse acorrentado a uma cadeira, iria procurá-lo. Não posso. Mas poderá V. Exa. dizer-me o que devo esperar d'esta irrupção sanguínea n'uns olhos em que não havia até há pouco uma gota de sangue? Digne-se V. Exa. perdoar à infelicidade estas perguntas feitas tão sem cerimônia por um homem que não conhece. (Mendes, 2014, p. 8).

Dez dias depois da escrita da carta, o Dr. Magalhães Machado realizou uma visita a Camilo. Depois de lhe examinar os olhos condenados, recomendou-lhe descanso, para que posteriormente pudesse falar em um eventual tratamento.

> Quando Ana Plácido acompanhava o médico até à porta, eram três horas e um quarto da tarde, sentado na sua cadeira de balanço, desenganado e completamente desalentado, Camilo Castelo Branco disparou um tiro de revólver na têmpora direita (Poeteiro, 2014, p. 8).

A primeira publicação do livro *Memórias de um suicida* se deu em 1954, pela Federação Espírita Brasileira. O livro narra infortúnios, sofrimentos que motivaram o ato extremo e as consequências espirituais que se arrastam por anos a fio ou até séculos. A autora, por meio da experiência de Camilo, tenta demover o leitor da ideia do suicídio. Os ensinamentos do livro fazem ressonância na missão do CVV, que é valorizar a vida em todos os seus aspectos e, consequentemente, prevenir o suicídio.

Sua missão é reforçada e atualizada em praticamente todos os encontros dos voluntários, pois, para além da razão de sua existência, sua missão tornou-se uma "proposta de vida, cujo objetivo é *oferecer amizade*, ouvir as pessoas, compreender seus sentimentos, enfim, sempre disponível para proporcionar ajuda nos momentos mais graves e difíceis" (Santos, 2015[27]). A proposta de trabalho atualmente descrita no site dessa instituição (cvv. org.br) é que ela "realiza apoio emocional e prevenção do suicídio, aten-

---

[27] Disponível em: https://www.febnet.org.br/wp-content/uploads/2017/04/Entrevista.pdf.

dendo voluntária e gratuitamente todas as pessoas que querem e precisam conversar, sob total sigilo por telefone, e-mail e chat 24 horas todos os dias".

Warmling (2011, p. 28) relata que "muitas foram as formas que o CVV usou, através dos anos, para mencionar a necessidade que as pessoas tem do contato uns com os outros. Assim, o CVV – SAMARITANOS, nos seus primeiros anos de existência, divulgava a sua disponibilidade de trabalho".

Figura 13
Divulgação do serviços do CVV

Fonte: Warmling (2011, p. 28)

Em 24 de junho de 2001, a *Folha de São Paulo* publicou uma reportagem na qual a jornalista Ana Saggese entrevista o reverendo Chad Varah, fundador dos *Samaritans*, que é considerada a primeira organização do mundo a se dedicar nos trabalhos de prevenção ao suicídio, e ele, considerado por muitos, como "pai do CVV". Por alguns anos, a instituição utilizou esse "sobrenome", como se pode observar na imagem anterior. Os *Samaritans* surgiram, assim como o CVV, de uma iniciativa religiosa, quando o pastor anglicano, Chad Varah (1911-2007), foi convidado para fazer os rituais de sepultamento de uma jovem de 14 anos, que se suicidou por achar que havia contraído uma doença sexualmente transmissível grave, ao se menstruar pela primeira vez. Esse episódio afetou o reverendo de tal forma que, em 1936, ele resolveu dar aulas de educação sexual para jovens. Ainda de acordo com a jornalista, o reverendo tomou conhecimento que, em média, três pessoas se suicidavam a cada dia em Londres.

Motivado a fazer alguma coisa em prol dessa causa, em 2 de novembro de 1953, em uma pequena sala munida de telefone, na igreja de St. Stephen, no centro londrino, ele fundou os *Samaritans*. Relata na entrevista ainda que

> Eu [Chad Varah] tinha só minha secretária para me ajudar quando inaugurei o telefone de emergência. Mas contávamos com uma enorme *publicidade* porque eu tinha trabalhado com muitos jornalistas e contei a eles o que estava fazendo [...] O telefone começou a tocar e as pessoas começaram a aparecer. Nós ficamos muito sobrecarregados. Felizmente, não só pessoas que vinham buscar ajuda apareceram, mas também pessoas para oferecer ajuda. Eu não sabia o que elas poderiam fazer, exceto oferecer café para as outras pessoas e sentar perto delas. E é claro que esses voluntários começaram a conversar com os clientes.
>
> Depois de três meses, eu perguntei para Vivien, minha secretária: "Estou conseguindo atender a todos, o que está acontecendo? O número de pessoas está diminuindo?". Ela respondeu: "Muitas pessoas que vem vê-lo vão embora uma hora depois sem precisar mais falar com o senhor". "Por quê?" E ela me disse: "Bem, *eles conversam com os voluntários*". "Qual é a mágica? O que esses voluntários falam para eles?", eu perguntei, e ela me respondeu: "Nossa! Como você está triste! Como está mal, o que está acontecendo com você? Coisas assim". Eles não sabiam, mas o que faziam era *terapia de escuta. Davam toda a atenção de que as pessoas precisavam naquele momento e não faziam nenhuma recomendação.* Chamei essa terapia de "*befriending*" (agir como amigo). [...] Em 1º de fevereiro de 1954, chamei-os e disse, brincando: "Quem chamou vocês aqui? Tomando posse da minha missão e fazendo melhor do que eu?" (Saggese, 2001, s/p, grifos meus).

Relata ainda, na entrevista, que começou a viajar para expandir *os Samaritanos* no exterior e que teve muito sucesso em países onde o telefone não era algo acessível para as pessoas, como no Sri Lanka e na Índia. Fala também de quando esteve no Brasil e conheceu Jacques André Conchon, um dos fundadores do CVV, e o reconhece como sendo uma "organização similar a dos Samaritanos". Varah relata ainda que o serviço dos *Samaritanos* surgiu de uma necessidade pastoral; no entanto, com o passar do tempo, percebeu-se a necessidade de se distanciar da religião para ampliar o alcance do serviço.

> Nós proibimos qualquer ligação com religião. A religião intimida as pessoas. Nossa regra possibilita realizar o trabalho em países não cristãos. Não poderíamos ter quatro filiais na Malásia, que é muçulmana, 13 sedes em Sri Lanka, que é budista. Nós não temos religião, não pregamos, *não temos nada a dizer, apenas escutamos* e tentamos entender o que você está sentindo. (Saggese, 2001, s/p, grifos meus).

Assim como o CVV, os *Samaritans* são um serviço totalmente prestado por voluntários, 24 horas por dia, caracterizando-se pelo que denominam de caráter humanitário e se dizem não ter qualquer cunho religioso ou partidário. Ao perguntarem se ele, Varah, era contra o suicídio, sua resposta foi, em grande parte, o que o CVV também orienta aos voluntários: "não temos o direito de decidir pelas pessoas. Tudo o que dizemos a elas é que nos importamos com elas e que *estamos aqui para ajudá-las*, se elas nos permitirem". Afirma ainda que "não somos uma agência de prevenção ao suicídio. A decisão não é nossa. Nossa decisão é tentar mostrar que a *vida pode ser boa* e que *nosso método é eficaz*". Ele finaliza a entrevista dizendo que "o Brasil foi o único país do mundo que conseguiu criar uma organização igual à minha". O conceito de ajuda de modo eficaz proposto é escutar, uma vez que "não temos nada a dizer". (Saggese, 2001, s/p, grifos meus).

No final dos anos 2000, o CVV passou a fazer parte do Befrienders Worldwide, uma entidade internacional de prevenção ao suicídio, que tem por missão *"ser o principal recurso de apoio emocional* e compartilhar pesquisas que possam levar a práticas de serviço inovadoras, prestadas por voluntários", no intuito de diminuir os índices de suicídio. A proposta deste trabalho é oportunizar às pessoas um espaço onde possam ser ouvidas, sem preconceitos, no anonimato. Atualmente, essa rede conta com "349 centros de apoio emocional independentes em 32 países" (Befrienders, n.d.). Vale destacar que ela surge com a finalidade de integrar as várias instituições que trabalham mundo afora na prevenção ao suicídio.

O CVV se apresenta como sendo uma instituição "não religiosa e apartidária" (CVV, n.d., Manual do voluntário), o que é dito também nos processos de formação dos voluntários e pode ser constatado nos manuais de formação, bem como em seu site. Ou seja, ao longo desse período, o

CVV buscou manter-se distante dos envolvimentos políticos e religiosos, seguindo as orientações dos *Samaritans*. Em setembro de 2017, em um evento realizado na cidade de Porto Alegre-RS, foi anunciada a expansão de um número telefônico de utilidade pública, com três dígitos (188), com ligações gratuitas, para todo o Brasil. Esse número estava em fase de teste há dois anos, e a Anatel, por meio do ato de autorização n.º 9.623, estendia a ampliação da área de cobertura desse número para todo o território nacional, o que foi acolhido e celebrado como sendo uma grande conquista em favor da vida (CVV, 2021).

> Lutávamos há anos para conseguir atender mais pessoas, sem qualquer tipo de custo, mesmo o da ligação telefônica. Hoje, 10 de março de 2017, é um dia histórico para o CVV e para a sociedade brasileira. Finalmente teremos um serviço telefônico gratuito de urgência e emergência voltado para a prevenção do suicídio, com o número 188. (CVV, 2021)

A parceria a favor da vida foi acolhida com muito entusiasmo pela maioria dos voluntários. Alguns, que faziam parte do meu ciclo de amizade, chegaram a me dizer: "espero que com essa parceria, nós não *precisemos mais pagar para trabalhar*". Faz parte do processo de formação do voluntário participar de ações desenvolvidas pela mantenedora para arcar com as despesas do posto (viagens de formação que são obrigatórias para manter a franquia social; telefone, água, luz). Geralmente, é cobrada uma taxa de cada voluntário e se realizam ações como almoços, pedágios solidários, entre outras, para levantar fundos. No entanto, os voluntários continuam arcando com as despesas do posto, como é costume dizer: "aqui é um lugar em que se paga para trabalhar". Não foi possível localizar on-line e pelas conversas informais com alguns voluntários do meu ciclo de amizade nenhum repasse financeiro do Ministério da Saúde para o CVV; as despesas continuam sendo arcadas pelas estratégias de cada mantenedora.

Na ocasião em que iniciei o voluntariado, o posto de Chapecó ainda não havia recebido autorização do CVV para seu funcionamento; estava se organizando para atender às exigências burocráticas e de mão de obra. "O Posto funciona como *Franquia Social*, o que exige a existência de uma mantenedora que o represente localmente dentro da sua área de abrangência, responsável por sua representação jurídica" (CVV, n.d., p. 12, grifos nossos). O grupo interessado na constituição do Posto CVV deve atender e observar os seguintes etapas e critérios:

> a) Informar ao Posto Coordenador Regional; b) Fundar uma Associação Civil, a *Mantenedora,* sem fins lucrativos, para desempenhar a função de Personalidade Jurídica do Posto e registrá-la no cartório local, juntamente com o Estatuto da entidade e outros documentos necessários; c) *Providenciar local e infraestrutura* necessária para funcionamento do Posto (exemplo: equipamentos para o atendimento e conexão banda-larga); d) Iniciar a divulgação para a realização de um Curso de Seleção de Voluntários; e) Eleger a coordenação do Posto, responsável para estar em contato com a regional e tratar das atividades diárias. (CVV, n.d., p. 12, grifos meus).

Para além de proporcionar as condições burocráticas para o funcionamento do posto, a mantenedora funciona como um órgão fiscalizador da marca CVV. É preciso seguir as recomendações institucionais, para conseguir a autorização de funcionamento e do uso da marca. Vale destacar que anualmente a franquia é renovada mediante apresentação dos documentos necessários e da observância dos critérios estabelecidos.

> A criação da mantenedora visa *cuidar e garantir o respeito e o cumprimento da legislação* em vigor referente ao território de abrangência, *as regras, as normas, os princípios, as práticas, os preceitos e as orientaçõe*s do Programa CVV e de funcionamento da Rede CVV. Ao grupo interessado *serão fornecidas todas as informações* sobre como constituir essa associação, *obrigações civis e legais, regimento interno, custos, hierarquia administrativa e organizacional,* e outras que forem necessárias. (CVV, n.d., pp. 11-12, grifos meus).

A palestra que ministrei para o grupo de pessoas que estava se organizando para a abertura do posto me possibilitou inteirar-me de como estava o processo de constituição da mantenedora e da organização para o funcionamento do posto. Então, formalizei meu interesse em fazer a formação de voluntariado e, meses depois, iniciei minha formação para integrar a equipe.

No processo de formação, o candidato a voluntário é levado a compreender e respeitar os limites da ajuda oferecida pelo CVV. "Aceitar que nem sempre a *ajuda que oferecemos* é a ajuda que o outro busca é algo desafiador e que exige humildade para discernirmos a diferença entre propor ajuda e impor ajuda" (CVV, n.d., p. 20). A compreensão de ajuda que orienta a prática do voluntário do CVV foi forjada ao longo da história da instituição e das experiências vivenciadas pelos voluntários. Ajuda não é uma técnica que é aplicada, mas a construção de uma subjetividade que se torna um "jeito de ser". Esse "jeito de ser" pode ser observado no modo como se fala, por exemplo, ao atender ao telefone, uma vez que a "voz do voluntário e suas atitudes devem emanar sentimentos de amor para que a pessoa se sinta confiante para falar" (CVV, n.d., p. 26). Esse processo de formação de um "jeito de ser CVV", às vezes nomeado também como "CVVianos", é constantemente modulado nos treinamentos, nas trocas de papéis — exercício de simulação onde um voluntário liga de modo fictício para outro e conversam sobre uma temática que aquele que liga escolhe falar, depois conversam entre si, de como se sentiram, falando e/ou atendendo —, nos *feedbacks* que são constantemente estimulados a acontecer entre os voluntários e por meio de estudos que ocorrem frequentemente. Tais atividades, para além de modificar o que se pensa, modificam quem se é. Tais orientações são lembradas frequentemente (CVV, n.d.). Certa vez, ao conduzir uma simulação de acolhimento em um processo formativo, o instrutor me disse: "Para nascer o voluntário é preciso deixar de lado o psicólogo".

No processo de formação, o candidato precisa colocar-se à disposição para "tratar aos que nos procuram com respeito, compreensão, aceitação, confiando em sua *capacidade e potencialidade individual*, sem críticas ou conselhos" (CVV, n.d., p. 25). Para tanto, o modo de falar acaba sendo de fundamental importância. Não se fala de qualquer forma; ao contrário, fala-se de um modo em que o outro possa se sentir acolhido, de modo a estimular a falar mais sobre o que sente, como se sente, ao mesmo tempo em que se acredita que aquele que busca ajuda dispõe de potencialidade individual para encontrar a solução para a situação em que se encontra, não podendo o voluntário ser diretivo, fazer orientações, indicações de serviços de saúde ou algo similar (CVV, n.d., p. 25, grifos meus).

Cabe pontuar que desde os anos 1970 o CVV passou a adotar a Abordagem Centrada na Pessoa (ACP), abordagem teórica desenvolvida por Carl Ransom Rogers, um psicólogo estadunidense, considerado um dos mais influentes teóricos no campo das teorias humanistas. Como se pode constatar na imagem a seguir, em 1986, Carl Rogers autorizou Jacques Conchon a traduzir e publicar um capítulo de seu livro. Informalmente, é dito que Rogers autorizou o uso da abordagem ao Centro de Valorização da Vida.

Figura 14

Correspondência do CVV com o Carl Rogers

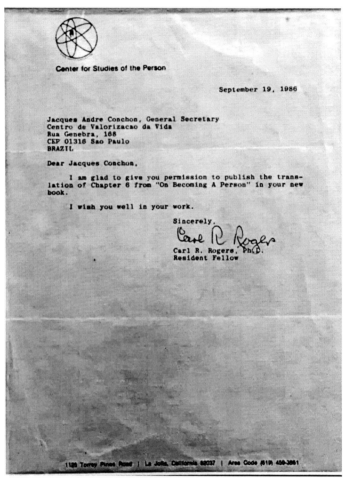

Fonte: arquivo do pesquisador

A psicologia humanista surgiu durante a metade do século XX, em resposta direta à psicanálise e ao behaviorismo. Na compreensão de Rogers, a confiança é condição e um dos principais pilares para o desenvolvimento da cura que o paciente busca. Ou seja, a partir da relação de confiança com o terapeuta, o paciente encontra sua própria cura, acredita-se que o próprio paciente tem as respostas que busca, cabendo ao terapeuta a condução para seu próprio interior (Rogers, 2001). Cabe pontuar que a relação de confiança com o terapeuta é uma condição para o processo acontecer.

O psicólogo supracitado, a partir de sua experiência clínica, analisa o caráter político na sua forma de interagir e abordar as pessoas, pois buscava compreender as condições que possibilitam mudanças relacionais, entendendo que o crescimento pessoal passa pela via da experiência da pessoa. Nesse sentido, sua abordagem não visa tratar o problema da pessoa, mas auxiliá-la em seu crescimento, ou seja, proporcionar a partir da relação, condições para ampliar sua experiência, para que ela possa resolver os seus problemas, sejam eles de ordem pessoal e/ou social. Nesse sentido, a ACP busca libertar a pessoa para que ela possa crescer, superar os seus obstáculos e se autorrealizar. Rogers (2001) argumenta que a ACP

> [...] baseia-se na premissa de que o ser humano é basicamente um organismo digno de confiança, capaz de avaliar a situação externa e interna, compreendendo a si mesmo no seu contexto, fazendo escolhas construtivas quanto aos próximos passos da vida e agindo a partir dessas escolhas. Uma pessoa facilitadora pode ajudar na libertação dessas capacidades [...]. Quando essa abordagem é dirigida a um indivíduo ou a um grupo, [...] as escolhas feitas, as direções seguidas, as ações empreendidas são pessoalmente cada vez mais construtivas e tendem para uma harmonia social mais realística com os outros (Rogers, 2001, p. 17).

Rogers (2001) acredita que uma das funções da Psicologia é ajudar as pessoas a viver as melhores vidas que pudessem e que elas possuem uma necessidade inata — tendência atualizante de se esforçar para se tornarem melhores. Acreditava que as pessoas são boas e estão sempre em busca do crescimento. Para tanto, destacou a importância da consideração positiva e incondicional do ser humano. Demonstrar o apoio incondicional para o cliente poderia contribuir para o processo terapêutico.

A ACP possui uma "identidade absoluta com o princípio que norteou a fundação do CVV e é até hoje o esteio da instituição: valorização extrema do ser humano" (CVV, 2004, p. 1). Quando Rogers alcançou a compreensão da Abordagem Centrada na Pessoa, ela deixa de ser uma teoria e passa a ser um modo de conduzir a vida, uma filosofia, compreende Carvalho (2019, p. 16). A partir daí, "a teoria deixa de ser limitada ao estudo de psicoterapia e se amplia para um ponto de vista, uma filosofia, um modo de ver a vida, um modo de ser, que se aplica a qualquer situação que visa o crescimento de uma pessoa, de um grupo ou de uma comunidade" (Carvalho, 2019, p. 16).

O voluntário do CVV é a pessoa disposta a ouvir genuinamente, compreender e ajudar a pessoa que necessita de acolhimento. Para tanto, aquele que procura os serviços do CVV precisa encontrar uma condição favorável para desabafar, falar de seus sentimentos e compreender o que está sentindo. Nesse encontro virtual (majoritariamente via telefone), o voluntário encontra-se crente da "tendência atualizante" e busca proporcionar apoio emocional de forma incondicional.

Alinhado à perspectiva de Rogers (2001), que acredita que a congruência é uma condição necessária para o crescimento, o voluntário, ao atender o outro, precisa proporcionar essa condição favorável ao crescimento. Dessa forma, é realizado o apoio emocional para os que procuram os serviços, pois se acredita que "ter alguém com quem falar em confiança, a qualquer hora do dia ou da noite, sem laços de compromisso, pode ser um verdadeiro diferencial e ser tudo de que precisa para *restaurar sua confiança na vida*" (CVV, n.d., p. 30, grifos meus).

Para que o "encontro" possa ser restaurador, a comunicação precisa ocorrer de modo empático. Para tanto, os voluntários utilizam respostas compreensivas que, segundo Rogers (2001), são reiteração, reflexo de sentimento e elucidação. Ou seja, o atendente devolve o que compreendeu do que foi falado. O ponto de partida "Como Vai Você" é uma analogia à sigla CVV. "Você está me dizendo que [...]": a orientação é deixar a pessoa falar sem interrupção, independentemente do tempo de fala. Nas pausas realizadas pela pessoa que ligou, devolve em forma de "respostas compreensivas", reiterando o que foi dito pelo que está do outro lado da linha telefônica. E assim segue o diálogo, sem diretividade. É considerado diretividade na prática institucional dizer ou orientar a pessoa a buscar uma ajuda profissional.

O voluntário é entendido como a pessoa com "disponibilidade interior para acolher, ouvir e compreender as pessoas angustiadas que procuram o CVV. Deve ser uma pessoa flexível e não sectária, disposta a superar suas dificuldades pessoais para aprender a ajudar o próximo" (CVV, n.d., pp. 12-13). Também é exigido aprimoramento teórico-técnico através de momentos para se de atualização e qualificação em horários extra plantões, como cursos e encontros regionais e nacionais. Observei que, devido à pandemia da Covid-19, muitos dos cursos passaram a ser on-line, inclusive formações que antes aconteciam de modo majoritário em São Paulo, e os voluntários de distintas partes do Brasil tinham que se deslocar para fazer.

Como todos os custos do posto são mantidos pelos voluntários, as viagens geravam um custo alto para a mantenedora, e as formações são condições para que o posto possa fazer uso da marca CVV. Nesse sentido, a realidade remota ajudou a diminuir custos para os voluntários.

É previsto no manual do voluntário que, pelo menos uma vez ao ano, seja realizado algum curso de atualização ou de reciclagem no posto ou em nível regional. Ainda, mensalmente, os voluntários participam de uma reunião de pequenos grupos (de no máximo 12 pessoas). A reunião tem uma estrutura pronta, pode ser realizada uma mensagem de boas-vindas, que fica a cargo do coordenador organizar, é lido um dos princípios que rege a prática do voluntariado no CVV e se reflete como ele afeta cada um. Faz-se troca de papéis, *feedbacks*, além de estudar. O objetivo do pequeno grupo é viabilizar um espaço de troca de experiências, discussões administrativas, estudo e treinamento. Como estratégia de integração e coesão entre os voluntários, bimestralmente é realizada a Reunião Geral de Voluntários, onde são discutidas e tomadas decisões referentes ao posto, visando seguir o princípio da filosofia de Rogers, a direção centrada no grupo.

Mesmo não fazendo mais parte do voluntariado no período da pandemia, tive conhecimento de mudanças significativas no serviço do CVV, como a formação de novos voluntários na modalidade on-line, para realizar atendimentos a partir de suas próprias residências. Pessoas que já eram voluntárias antes da pandemia também passaram a realizar seus plantões, que geralmente são de 4 horas semanais, a partir de suas casas. Analiso que a pandemia possibilitou a ampliação do serviço oferecido pelo CVV. Agora, o voluntário, seguindo o imperativo neoliberal de empreender, construiu um posto de atendimento em sua residência. Antes, muitos voluntários tinham dificuldades para se deslocar até o posto para realizar os atendimentos, principalmente entre 22h e 6h. Além do que o número de pessoas em atendimento simultâneo reduzia-se ao número de postos, visto que a maioria dos postos dispõem de apenas um espaço de atendimento, o que gerava horas de espera para ser atendido.

Em um relatório disponível no site do CVV sobre os atendimentos realizados no segundo trimestre de 2021, é possível constatar que menos de um terço dos atendimentos foram realizados em postos físicos. Em média, apenas 28% dos atendimentos. O que está em amarelo no gráfico a seguir corresponde aos atendimentos remotos, 72% do total de ligações recebidas. Ou seja, a grande maioria dos atendimentos não ocorreu a partir do posto físico.

Figura 15

Atendimentos remotos x atendimentos físicos

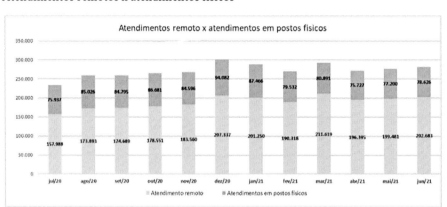

Fonte: CVV (2021, p. 14)

No mesmo relatório, chamou-me a atenção outro gráfico que demonstra que o tempo médio de atendimento é de 6 minutos. Analisa-se que o tempo médio das ligações vem caindo, mas que não se pode fazer um julgamento preciso nesse quesito. Em suas palavras:

> Muitas vezes, *um atendimento mais curto pode ter sido muito mais eficaz*. Lidamos com pessoas que querem e precisam conversar. Por isso, não temos como saber, a partir do tempo de duração de uma chamada, se ela foi mais ou menos eficaz, se a pessoa se sentiu mais ou menos acolhida. O mais importante, acreditamos, é a oferta da disponibilidade. Uma questão qualitativa, e não quantitativa. (CVV, 2021, p. 15).

Em outro gráfico, correspondente ao mês de junho de 2021, 5.387 atendimentos ultrapassaram 60 minutos. Observo que a maioria dos atendimentos é encerrada em até 30 minutos, como se pode constatar a seguir.

Figura 16

Tempo dos atendimentos

Fonte: CVV (2021, p. 16)

Percebo que cada vez mais a instituição tem conseguido disponibilizar voluntários para atender as demandas que, no mês de maio de 2021, correspondiam a 106.468 atendimentos. Para além dos serviços de prevenção aos suicídios, o CVV é uma proposta de vida, o que implica estar alinhado com o modo como pensam, lidam, narram, olham para as tentativas e para os suicídios efetivados. Nesse processo, a *valorização da vida* é reiterada constantemente como estratégia de prevenção ao suicídio, que se dá por meio do trabalho de escuta de quem procura os serviços oferecidos. Já no início da formação, o candidato a voluntário "se depara com um convite que transcende ao exercício de um trabalho voluntário, no qual se dispõe a ajudar e fazer algo em prol do semelhante e da sociedade" (CVV, n.d., p. 20).

Muitas vezes, sentia-me incomodado com o modo como a instituição funcionava, bem como pelas compreensões que tinham sobre a prevenção ao suicídio. Compreendo que o suicídio é algo complexo, que a ajuda oferecida a alguém em sofrimento mental não deve ser reduzida a uma escuta telefônica; a não diretividade não funciona com muitas pessoas que, às vezes, precisam de uma orientação para buscar um profissional de saúde para auxiliá-las em seu estado de sofrimento.

Já no doutorado, afetado por algumas leituras e reflexões sobre o processo de (des)construção dos objetivos da pesquisa, passei a me inquietar com os rumos que a instituição estava tomando e a me incomodar principalmente com os princípios e práticas, que a mim parecem mais dogmas, uma vez que não há espaço para problematizar, questionar e é necessário seguir as recomendações do programa CVV, já que o voluntário "é a pessoa com *disponibilidade interior para acolher, ouvir, respeitar e compreender as pessoas angustiadas que procuram o CVV*" (CVV, n.d., pp. 12-13). Compreendo que é difícil implementar uma lógica instituinte no serviço, que tem uma matriz história já bastante consolidada, com tantos voluntários trabalhando em várias regiões do Brasil. Mas interessante que a pandemia acabou inexoravelmente impondo mudanças, traçando linhas flexíveis e de fuga aos contornos até então estabelecidos.

Conforme o mesmo manual, o candidato deve estar disposto a adquirir e aperfeiçoar:

a. Flexibilidade: capacidade de *deixar o seu ponto de vista* e se aproximar do outro com sinceridade e honestidade;

b. Não sectarismo: não induzir para religião, política ou qualquer outro caminho;

c. Disponibilidade para superar as dificuldades pessoais: os seus preconceitos e medos para aprender a estar junto com a pessoa;

d. Humildade para reconhecer sua limitação e *esforço para se colocar à mesma altura daquele que está se relacionando* com ele;

e. Abertura para Supervisão e Aprimoramento Humano: abertura à opinião, suporte, supervisão e orientação na prestação do serviço; confraternizar e treinar sempre para melhor ser e servir. (CVV, n.d., p. 14, grifos meus).

A celebração do acordo entre o CVV e o Ministério da Saúde sugere-me uma transferência da responsabilidade do Estado (saúde é um direito de todos e dever do Estado) para uma organização da sociedade civil sem finalidades lucrativas, de caráter filantrópico, já que não há no serviço público, até a data desta escrita, 18 de janeiro de 2022, nenhum serviço telefônico vinculado ao setor público para a prevenção do suicídio. Nesse sentido, realça-se o fenômeno de precarização que o neoliberalismo acaba impondo ao Estado.

Também pude constatar que ao mesmo tempo em que o governo instituiu uma política nacional de prevenção ao suicídio, a ser implementada em todo o território nacional, suas ações contradizem as orientações da OMS e de Botega (2014), que recomendam que uma das ações mais eficazes na prevenção universal do suicídio é a de diminuir o acesso da população geral a meios letais, como os pesticidas, agrotóxicos e armas de fogo. O governo brasileiro em exercício fez o inverso disso, incentivando o uso e a aquisição de armas de fogo e aprovando uma série de novos agrotóxicos.

O modo de trabalho do CVV diz que aquela pessoa que busca os serviços é uma pessoa que está em crise e solitária. Compreendo que não podemos reduzir a ideação suicida e o desejo de morrer a um ato em consequência da solidão ou de crises por falta de "amigo". Ele também pode ser gestado e ter outros significados. Devido a isso, faz-se necessário repensar o modo como a prevenção ao suicídio está sendo desenvolvida em nosso país, visto que, após as várias discussões sobre a temática do suicídio e da automutilação, desencadeadas pelo jogo Baleia Azul e pela série *13 Reasons Why* é que foi instituída, em abril de 2019, a Lei nº 13.819, que trata da "Política Nacional de Prevenção da Automutilação e do Suicídio no Brasil", que constitui um marco legal para possíveis regulamentações (decretos, portarias) que possam ser implementadas no território nacional. O parágrafo único traz:

> A Política Nacional de Prevenção da Automutilação e do Suicídio será implementada pela União, em cooperação com os Estados, o Distrito Federal e os Municípios, e com a *participação da sociedade civil* e de *instituições privadas*. (Brasil, 2019, grifos meus).

Podemos observar o conclame para a participação da sociedade civil e de instituições privadas no desafio da prevenção do suicídio, o que se alinha às estratégias da governamentalidade neoliberal: repassar a responsabilidade do poder público para um serviço de voluntariado, canalizando partes de suas atribuições, visto que uma das ações que a lei prevê é que o "o poder público manterá *serviço telefônico* para recebimento de ligações, destinado ao atendimento gratuito e sigiloso de pessoas em sofrimento psíquico" (Brasil, 2019, grifos meus).

Como alguém em sofrimento psíquico poderá ser beneficiado pelas ligações telefônicas? Qual a compreensão de sofrimento mental que se está adotando para direcionar esse tipo de serviço para a sociedade? Quem irá realizar os atendimentos? Os voluntários do CVV?

Constato que as análises realizadas pelo CVV e disponibilizadas em seu site são recentes; o primeiro relatório trimestral é de 2020, o que compreendo como sendo um retorno da parceria firmada com o Ministério da Saúde. Anteriormente, os dados eram restritos, cabendo ao coordenador do posto, nas reuniões mensais, falar sobre o número de atendimentos e mandar um relatório para a coordenação regional com cópia à coordenação nacional. No entanto, não era possível dimensionar o tempo de duração das ligações, a disponibilidade de voluntários *versus* número de ligações recebidas, o tempo de espera para ser atendido. Ou seja, a instituição tem investido cada vez mais em aprimorar suas tecnologias para ampliar a produtividade dos voluntários.

O CVV se tornou uma das principais instituições que trabalha na prevenção ao suicídio no Brasil pela estreita relação que passou a ter com o Ministério da Saúde, bem como outras parcerias, como a celebrada com o Fundo de Emergência Internacional das Nações Unidas para a Infância (UNICEF), por meio da qual lançou três séries de vídeos com o objetivo de reduzir os crescentes índices de suicídio entre jovens e adolescentes no país (CVV lança vídeos para prevenção do suicídio com apoio do Inicef, n.d.).

Apresentada a história do CVV e a formação dos voluntários e apontada e analisada a forma como a instituição vem desenvolvendo trabalhos na prevenção ao suicídio alinhada ao Ministério da Saúde, busco, na estação seguinte, tensionar a compreensão que se faz do suicídio como consequência de adoecimento mental. Para tanto, realizei uma análise sobre a construção histórica do suicídio, em que discuto e problematizo como o suicídio foi mostrado, discutido, compreendido, ao longo da história, demarcando a construção do conceito de suicídio e apontando efeitos da associação do suicídio com sendo consequência de doença mental.

3

A CONSTRUÇÃO HISTÓRICA SOBRE O SUICÍDIO

Neste capítulo, procuro refletir sobre como o ato de interromper a vida foi considerado, historicamente, pois julgo fundamental conhecer e entender a concepção adotada sobre esse modo de morrer em cada contexto, bem como as estratégias adotadas para o coibir, já que as práticas de prevenção dependem de como esse ato é concebido. Isso significa que foi a partir de certas condições que esse ato passou a ser entendido como prevenível.

Frente às circunstâncias em que vivemos e ao modo como passamos a lidar com o ato de interromper a vida, em que "sujeitos e instituições produtoras de conhecimento parecem ter esquecido os ensinamentos sobre a multiplicidade de fatores na composição da vida e da morte" (Lopes & Marquetti, 2019, p. 07), parece-me substancial historicizar o ato de interromper a vida, a construção do conceito suicídio e o *status* que esse ato alcançou ao longo da história ocidental; outrora crime contra o Estado, pecado e ofensa contra Deus e, atualmente, consequência de adoecimento mental.

Na contemporaneidade, olha-se para o ato de tirar a vida predominantemente como consequência de adoecimento mental, um mal a ser combatido pelas políticas de majoração da vida. No entanto, nem sempre foi assim. Muitos sentidos foram criados e colocados em circulação, o que nos inspira a fraturar o conceito de suicídio, buscando compreender as condições de possibilidade para o seu surgimento, bem como para os sentidos que foram se conectando ao longo da história. A palavra suicídio surge com Browne, no século XVII, mas os sentidos que ela carrega na atualidade foram construídos historicamente.

Foucault (2019, p. 18) analisa que na "maioria das grandes elaborações, das grandes questões teóricas que são formuladas, há sempre uma questão histórica a qual se está associado de modo preferencial". Isso nos inspira a olhar os contextos historicizando os meandros que envolvem a construção dos sentidos atribuídos ao ato de interromper a vida, buscando compreender e situar algumas das estratégias utilizadas para lidar com a antecipação voluntária da morte.

Jamison (2002, p. 8) comenta que as "atitudes da sociedade, como são captadas em sua literatura, leis e sanções religiosas, fornecem uma janela para as nossas reações coletivas ao auto-assassinato". Entende-se dessa forma que o modo como o ato de interromper a vida é compreendido em cada época nos oferece pistas para analisar as estratégias utilizadas para lidar com ele. Busco apontar como esse ato, por vezes valorizado como uma prática social e cultural de liberdade, dependendo da esfera da sociedade que se ocupava, passou a ser considerado crime e um dos piores pecados que alguém poderia cometer, sem direitos aos rituais fúnebres até o final do século XX, e segue sendo pecado na concepção católica. Ato que ainda guarda relação com a linguagem criminal — haja vista a expressão "autoassassinato" usada por Jamison (2002) — e, atualmente, visto como sendo consequência de transtornos mentais.

Nem sempre no mundo ocidental esse ato foi compreendido como entendemos hoje. Historicamente, sentidos, valores, experiências, significações foram conectados a esse ato de antecipar a morte. Pois, como constatou Hooff (2002), na antiguidade havia mais de 300 palavras e expressões utilizadas nas línguas grega e latina para designar o ato de interromper a vida. Nesse sentido, Foucault (2016, p. 18) nos inspira a interrogar: "quando, como, no interior de quais processos, no interior de quais meios, no interior de quais práticas ou instituições", formaram-se os elementos para compreender o ato de interromper a vida como consequência de adoecimento mental? Como se passa a articular as estratégias de interdição e prevenção para que esse ato não venha acontecer? E, caso aconteça, como ele era e passa a ter significado?

A ABP/CFM (2014, p. 07) define o suicídio "como um ato deliberado executado pelo próprio indivíduo, cuja intenção seja a morte, de forma consciente e intencional, mesmo que ambivalente, usando um meio que ele acredita ser letal". A intencionalidade do ato que levaria à morte perpassa as definições de suicídio adotadas pela OMS (2000), CFM/ABP (2014), Botega (2015) e Bertolote (2012). Netto (2013) analisa o conceito e afirma que utilizamos a palavra suicídio para expressar as mais diversas formas de tirar a própria vida, independentemente de ter sido, de fato, intencional e deliberadamente, não sendo levados em consideração os meios utilizados, a motivação e a conjuntura em que o ato ocorre.

Sbeghen (2015) compreende o suicídio como sendo um ato humano de interromper a vida, de maneira consciente, no qual a pessoa desenvolve uma atitude para levá-la à morte. Thomas Szasz diz que:

> [...] usamos a palavra 'suicídio' para expressar duas ideias bastante diferentes: por um lado, com ela descrevemos uma maneira de morrer, ou seja, tirar a própria vida, voluntária e deliberadamente; por outro lado, utilizamos para condenar a ação, ou seja, para qualificar o suicídio de pecaminoso, criminoso, irracional, injustificado... em uma palavra, um mal. (Szasz, 2002, p. 21).

Hooff (2002) analisou uma variedade de textos da antiguidade, buscando compreender como o ato de interromper a vida era narrado e observou que havia muitos modos de se referir ao acontecimento e que não despertava necessariamente o horror com que é percebido atualmente. Porém, gerava significativas reflexões sobre suas motivações e, mais do que isso, do direito (livre-arbítrio), obrigação (dever ético ou moral) ou compulsividade (insanidade). O sentido negativo (pecaminoso, patologizante) que o conceito de suicídio expressa não encontraria adesão no modo de pensar na cultura greco-romana da antiguidade.

O autor supracitado compôs um quadro com mais de 300 palavras e expressões utilizadas nas línguas grega e latina para designar o ato de interromper a vida. As terminologias apresentavam certa neutralidade e compreendiam várias expressões como: morte voluntária, homicídio de si mesmo, autodestruição, autoaniquilamento, autoeliminação, violência autoprovocada, destruir-se, matar-se. Além do respeito à decisão de interromper a vida, também havia horror, dúvida e condenação, uma vez que a posição social estava diretamente associada a esse direito, só permitido aos homens livres.

Havia circunstâncias em que interromper a vida era algo encarado com naturalidade, como fazendo parte da vida. Nesse sentido, Lessa (2017, s/p) afirma que "a precipitação da morte era considerada como uma possibilidade constituinte da vida", vista como um ato heroico, em "que se atribuía ao agente desse ato, por seu feito, um lugar de destaque na comunidade e que, na maioria das vezes, tinha uma motivação relacionada a algo em prol da coletividade". Observa, ainda, que o reconhecimento heroico também era estendido em circunstâncias nas quais o desfecho se dava para a resolução de uma situação pessoal.

No entanto, é possível constatar também, nesse período, reprovação do ato, seja pelo modo ou pelo fato de o sujeito não ocupar um lugar que hoje podemos chamar de privilegiado, visto que era autorizado ao cidadão e não a toda a população. Ou seja, os cidadãos dispunham do direito de colocar fim à vida frente a determinadas circunstâncias, baseados na posição que ocupavam na sociedade e nos princípios pelos quais se tinha vivido.

Na antiguidade, o cidadão greco-romano era autorizado a interromper a própria vida, desde que não fosse por enforcamento[28], quando se encontrasse doente, por uma dor física, medo, desejo de vingança, perda de um ente querido, um acesso de loucura, a insanidade, por um estupro ou derrota em batalha. O ato era mais que tolerado, era considerado a mais alta forma de expressão da liberdade, "a única que permitia aos seres humanos alcançarem e até superarem os deuses, destinados a ser imortais" (Barbagli, 2019, p. 60).

Platão foi o "primeiro a inserir num texto de filosofia argumentos contrários àqueles que se matam" (Coimbra, 2011, p. 09). Ao fazer a narração dos últimos dias de Sócrates, no livro Fédon, Platão analisa de modo dialético os últimos dias de vida de Sócrates e argumenta pró e contra o ato. Afirmando que não se deve liberar a alma do corpo em que os deuses nos colocaram, conclui que é um ato de covardia, praticado por indivíduos fracos demais para enfrentar as vicissitudes da vida. "Platão, insatisfeito com recriminar o ato suicida, refere-se às sanções que deveriam ser impostas ao suicida, que incluíam o isolamento da sepultura e sua não identificação" (Coimbra, 2011, p. 12).

No entanto, o discípulo de Sócrates defende esse tipo de morte em quatro circunstâncias: 1) quando a mente é tão corrupta que para ela não há mais salvação, 2) quando a prática é motivada por ordens judiciais, como no caso de Sócrates, por exemplo, 3) quando é cometido sob extrema e inevitável infelicidade e 4) quando é motivado por vergonha ou por ter o indivíduo cometido ato de grande injustiça.

Na contemporaneidade, onde o empreendimento de si tornou-se imperativo, o argumento de Platão de que o suicídio é um ato praticado por pessoas fracas, que é um ato de covardia, ganha um espaço fértil, profícuo. Ser "fraco", "covarde", na antiguidade, na Idade Média, é diferente dos dias atuais, bem como os fundamentos da proibição, da interdição, desse tipo de morte. Coimbra (2011, p. 12) analisa que Platão toma o ato covarde como típico de indivíduos incapazes de lidar com as graves vicissitudes da vida humana. No processo dos encontros e da produção das materialidades analisadas aqui, também encontrei muitos relatos de que esse ato é praticado por pessoas "fracas", "covardes". Compreendo que a reprovação

---

[28] Voisin (1979 p. 94) analisa que, na antiga Roma, o suicídio por enforcamento era considerado um ato vergonhoso, que suscitava uma grande reprovação moral. A origem de morrer dessa forma pode estar ligada a ideais religiosos, visto que "para que o falecido pudesse ser recebido no ventre da Mãe Terra, ele morreria em contato direto com ela".

se manteve, mas os argumentos para tanto são outros. Hoje, temos outros modos de subjetivação, em que impera o empreendimento de si em função da produtividade e do consumo, caraterísticas de nossa sociedade.

Sócrates, um dos filósofos mais recordados da Antiguidade Grega, considerou que os homens estão presos à vida, e não devem nem se liberar, nem se evadir dela, já que são propriedades dos deuses, tal como os escravos são de um homem livre e, por conseguinte, da mesma forma que um escravo não está autorizado a se matar, pois é propriedade do seu senhor, igualmente os homens livres devem obediência ao Estado. Caso recebam uma mensagem dos deuses, como a que se apresentou a ele, recorre-se, então, ao soberano, que tem autorização para fazer morrer ou deixar viver. Em seu caso, ao ser acusado de corromper a juventude, violar as leis e introduzir novos deuses, foi condenado. Sabia que seu destino era a morte, caso não reconhecesse a acusação para defender-se; optou pela morte a ter que abrir mão de seus ideais.

Isso nos conduz a pensar hoje sobre: a quem a vida pertence? Quem governa nossa vida? Como a nossa vida é capturada pelos mecanismos do poder? Desse modo, "presos na vida", até que ponto temos o direito de deliberar sobre nossas próprias vidas?

Platão, no livro Fédon, narra a morte de Sócrates detalhadamente, quase que de modo teatral. O livro é escrito em forma de diálogo e descreve, a partir das testemunhas, os últimos dias de vida e a morte de Sócrates. Quando o filósofo recebe a cicuta, mantem-se calmo para não atrair a ira, o desespero ou o medo. Tudo realizado perante muitas testemunhas. Sócrates aceita o inevitável, a morte de forma convicta de sua escolha, mesmo sabendo que poderia adiá-la por um tempo.

De acordo com Minois (2018), o Estado tinha um estoque de cicuta, o que nos leva a inferir que essa prática parecia ser comum, corriqueira, pelos cidadãos que decidiam não continuar vivos. Seu ato era julgado pelas suas motivações, que precisavam ser apresentadas ao Estado, que analisava e dava o veredicto, bem como a "dose" de cicuta. Ainda hoje, séculos depois, de outras formas, por outros meios, muitas pessoas escrevem suas motivações antes de tirarem suas vidas, não na esperança da permissão do Estado, algumas para evitar o veredicto da sociedade de louco, doente, dentre outros rótulos, ou na tentativa de que compreendam sua decisão.

A ritualidade desse tipo de morte nos faz pensar sobre a convicção da decisão. Não é um ato necessariamente de desespero, mas algo gestado, planejado, por exemplo, a morte de Marco Pórcio Catão, também conhecido como Catão de Útica (95-46 a.C.), um defensor da república, opositor político de Júlio César, conhecido por sua tenacidade, sua integridade moral e sua visceral aversão à corrupção predominante na Roma Antiga. César, após vencer a Batalha de Tapso, mandou executar todos os sobreviventes das tropas de Cipião, seu adversário, transformando-se em um imperador. Catão analisa as circunstâncias e, convicto de sua decisão, insiste em que não é insano e que está em plena posse de suas faculdades mentais e morre em decorrência dos ferimentos que causou em suas vísceras, depois de ter jantado e se divertido com seus convidados. Seu gesto nos provoca a pensar a morte enquanto ato de resistência, pois ele, para se opor ao Império Romano, em nome da justiça e da liberdade, tira a vida.

Vale destacar que não havia consenso sobre esse ato. Assim como Platão se opusera em certas circunstâncias e o defendia em outras, para outros filósofos, como Porfírio e Macróbio, considerados neoplatônicos, o ato precisava ser vivenciado de modo brando e tranquilo, já que, em suas concepções, quem expulsa a alma do corpo com violência não lhe permite ser livre (Barbagli, 2019).

Minois (2018) diz que, dentre todas as civilizações ocidentais, a romana é considerada a mais favorável ao suicídio, devido ao grande número de pessoas da elite que tiraram a própria vida. Barbagli (2019, p. 89) ressalta que na "Roma antiga havia de modo geral uma grande tolerância em relação ao suicídio, desde que não fosse cometido pelos pertencentes a duas camadas da população: os militares e os escravos". Os "romanos não viam o suicídio nem com medo nem com repulsa, mas como uma validação cuidadosamente considerada e escolhida do modo como haviam vivido e dos princípios pelos quais haviam vivido" (Alvarez, 1999, p. 75).

Os militares faziam o *sacramentum*, ritual em que prometiam se dedicar inteiramente à pátria, e sua vida passava a pertencer ao Estado. E, se os indivíduos se matassem, estariam a roubá-lo, desertando do exército. Por isso, a tentativa de suicídio por parte do soldado era punida com a pena de morte (Barbagli, 2019).

Os escravos e soldados eram proibidos por motivos óbvios: o interesse econômico e da segurança do Estado. É o poder soberano que faz morrer e deixa viver. Mesmo já estando pré-definido quem poderia escolher morrer, o veredicto era dado pelo Estado para coibir ou autorizar os que haviam levado uma vida virtuosa e mereciam tal "privilégio". A não observância desse princípio é um crime perante a soberania, logo, passível de punição. Mesmo morto, o corpo é supliciado. Partindo do pressuposto de crime, logo, a punição.

Morrer pelas próprias mãos era uma possibilidade para cidadãos livres romanos da antiguidade. No entanto, precisavam de autorização do Estado, pois a vida pertencia ao Estado, e somente ele tinha o poder de vetar, autorizar ou induzir a interrupção da vida, tendo sempre as precauções de como seria afetado, principalmente, no que tangia à economia, não sendo permitido o suicídio para os escravos (prisioneiros de guerras e criminosos) e soldados, como já foi dito.

Alvarez (1999, p. 65) observou que o Direito Romano do período imperial permitia aos cidadãos livres escolher a morte voluntária diante de determinadas circunstâncias:

> [...] os suicídios por tédio vital, pelo pesar diante da morte de um filho, pela vontade de que falem de si através de uma morte admirável, por loucura, para se esquivar da doença e do sofrimento, pelo desejo de escapar da desonra em caso de insolvência.

Ou seja, era permitido em várias circunstâncias interromper a vida. O autor apresenta uma séria de mortes que são narradas sem julgamentos, como se aquele ato fosse comum em certas circunstâncias ou até mesmo uma saída, como podemos constatar a seguir.

> O primeiro de todos os suicídios literários, o suicídio da mãe de Édipo, Jocasta, é apresentado de uma forma que o faz parecer louvável, uma saída honrosa para uma situação intolerável. Homero relata suicídios sem tecer comentários, como algo natural e em geral heroico. As lendas corroboram Homero. Egeu se joga no mar – que depois passa a ter o seu nome – por acreditar que seu filho Teseu fora morto pelo Minotauro. Erígone se enforca de tristeza quando encontra o corpo de seu pai, Icário, que fora assassinado – e assim, aliás, *desencadeia uma epidemia de suicídios por enforcamento entre as mulheres atenienses que só termina quando o sangue é lavado pela instituição de uma festa em honra de Erígone.* Leucatas pula de um penhasco para não ser estuprada por Apolo. Quando o oráculo de Delfos anuncia que os lacedemônios capturariam Atenas se não matassem o rei ateniense, o monarca Codro entra disfarçado no território inimigo, arranja uma briga com um soldado e deixa que ele o mate. Carondas, o legislador

> de Catânia, uma colônia grega na Sicília, mata-se quando infringe uma de suas próprias leis. Outro legislador, Licurgo de Esparta, faz seu povo jurar que cumprirá suas leis até que ele volte de Delfos, aonde vai para consultar o oráculo a respeito de seu novo código legal. O oráculo lhe dá uma resposta favorável, Licurgo a envia por escrito a Esparta e, então, mata-se de fome para que os espartanos nunca mais possam se livrar do juramento que haviam feito. E assim por diante (Alvarez, 1999, pp. 70-71, grifos meus).

Vale analisar o que Alvarez chamou de "epidemia de suicídios", sugerindo que uma morte influenciava outras e assim sucessivamente e que só é interrompida quando é realizada uma ritualização "em honra de Erígone". Essa compreensão se alinha e dialoga com o que foi chamado na modernidade de "Efeito Wether". Compreendo que a morte por suicídio não se dá por "contágio" ou mera imitação, mas que algumas pessoas podem se sentir encorajadas a buscar o mesmo desfecho para a sua vida, frente a determinadas circunstâncias que possam estar vivendo.

Se aqui a ritualização (festa) foi a estratégia de interromper as sequências de autoaniquilamento, com o desenvolvimento do conceito "Efeito Wether", no século XVII, o "silenciamento" será o modo predominante adotado para evitar o "contágio". Ou seja, esse tipo de morte passa a ser tratado de modo privado, para que outros não sejam influenciados, "contaminados". Será somente no início do século XXI, com o desenvolvimento de tecnologias de comunicação interativa, que o silenciamento será tensionado e outras estratégias de lidar com os possíveis "contágios" passam a ser desenvolvidas, como o "falar é a melhor solução", tema do Setembro Amarelo, mês dedicado à prevenção do suicídio no Brasil.

Minois (2018, p. 52) analisa que na Antiguidade não havia uma forma unânime de lidar com o "homicídio de si mesmo" e que no mundo grego cada uma das grandes escolas filosóficas tem uma posição específica e que todo o leque está representado, desde a oposição categórica dos pitagóricos até a aprovação indulgente dos epicuristas e estoicos. Em todos os lugares, há práticas de tolerância, apesar de existir cidades que preveem lei de punição contra o corpo dos suicidas, como Atenas, Esparta e Tebas, e outras, não.

O autor observa ainda que a história grega é marcada por suicídios retumbantes, autênticos ou semilendários, pelos mais variados motivos: suicídios patrióticos, suicídio por remorso, suicídio pela honra, suicídio por fidelidade a uma ideia religiosa, suicídio para escapar da decrepitude da velhice, suicídio por amor, suicídio em defesa da castidade, suicídio cívico, suicídios filosóficos, por desprezo pela vida.

> Desde a época mais remota, o pensamento grego formulou a questão fundamental do suicídio filosófico. Os cirenaicos, os cínicos, os epicuristas e os estoicos reconhecem todos o valor supremo do indivíduo, cuja liberdade reside na *capacidade de decidir ele mesmo a respeito de sua vida e de sua morte*. Para eles, *a vida só merece ser conservada se for um bem*, isto é, se estiver de acordo com a razão e a dignidade humana, e se gerar mais satisfação que sofrimento. Caso contrário é uma *loucura preservá-la* (Minois, 2018, p. 53, grifos meus).

Alvarez observa certa nobreza nas motivações para interromper a vida; "os gregos antigos só se suicidavam pelas melhores razões possíveis: por pesar, por princípios patrióticos ou para evitar a desonra" (Alvarez, 1999, p. 71). Isso nos leva a inferir que o ato de interromper a vida na cultura greco-romana não tinha a conotação moralizante como temos hoje em nossa cultura.

Por outro lado, no período da República de 509 a 27 a.C., alguns romanos, acusados de crimes passíveis de pena capital e do confisco dos bens, tiram a vida antes da sentença, para evitar a segunda sanção, pois com a morte, o crime se extinguia; assim, burlavam as leis do Estado. Já na época imperial, nos séculos I e II d.C., com a finalidade de evitar os danos ao fisco, foi implantada uma nova norma que previa o confisco dos bens dos que se matavam durante a tramitação do julgamento por um crime que previa tal condenação (Barbagli, 2019).

Esses romanos interrompiam a vida para escapar de uma acusação ou crime que haviam cometido, constituindo assim, aos poucos, a ligação entre confisco e culpa do suicida. Interessante ressaltar as motivações do soberano para coibir a morte voluntária, pois não tinha necessariamente uma preocupação com a vida individual, mas com o funcionamento da organização social, produção de alimentos, segurança, dentre outros, ou seja, uma motivação econômica. Motivo esse que também se encontra nos cálculos feitos sobre a vida na contemporaneidade e perpassa a construção das políticas públicas de prevenção ao suicídio. Mas vale sinalizar que as estratégias de condução de condutas realizadas na antiguidade para coibir a morte voluntária são diferentes das que encontramos hoje.

Assim, podemos constatar que nesse período, na cultura greco-romana, a prevenção, quando existia, dava-se pelo Direito, ou seja, na elaboração de leis que garantiam aos que eram cidadãos a liberdade de escolha do suicídio por diversos motivos, até considerados nobres. Para os que não eram cidadãos, as leis davam o direito aos detentores de suas vidas, de aplicar estratégias de punição.

Se na Antiga Roma algumas classes podiam solicitar autorização ao Estado para tirar a vida, sendo apreciado e cultuado o ato, a partir de Constantino, e, posteriormente, com Santo Agostinho, haverá um rompimento no modo de lidar com a morte voluntária. Não há mais tolerância, mas, sim, punição aos que interrompem a vida e seus familiares. Em sintonia com o Estado totalitário, os valores religiosos, principalmente os da Igreja Católica, irão determinar o modo de governar o Estado e, consequentemente, a vida das pessoas. O ato de tirar a vida é condenado, uma vez que a vida era considerada um dom divino, sendo o suicídio um sacrilégio, pois a vida pertence a Deus e somente Ele tem o direito de dispor dela; logo, precisa ser punido.

A punição cumpria funções estratégicas: ao mesmo tempo em que era um ritual de exorcismo, já que o suicídio era compreendido como uma possessão demoníaca, tinha também um propósito cívico: dissuadir outras pessoas de cometer o mesmo ato. A família era obrigada a assistir ao "espetáculo" da punição. Como analisaram Werlang e Botega (2004), as punições aos corpos daqueles que tinham interrompido a vida eram feitas no local da morte. Se o ato tivesse sido realizado com um punhal, enfiava-se um pedaço de madeira na cabeça do morto; se a pessoa tivesse se afogado, era enterrada na área perto da água, e se havia se jogado em um poço, era sepultada com uma pedra na cabeça, uma sobre o corpo e outra em um pé, fixando-o no solo. O corpo também poderia sofrer outros tipos de punições, como ser arrastado pelas ruas, carregado nu em uma forquilha ou queimado publicamente. Compreendo o "espetáculo" como uma forma de punição para a família também, que era julgada como culpada e tendo seus bens confiscados. A ritualidade no modo de lidar com o ato diz sobre o modo como ele é compreendido, bem como sobre as estratégias de coibi-lo.

Como observa Botega (2015, p. 18), a partir do século V, o Estado romano totalitário de Constantino, diante da fome, epidemias, guerras, baixa natalidade, falta de mão de obra, de alimentos, passa a culpabilizar também os que interrompiam a vida e, como forma de punição, seus familiares tinham os bens confiscados. Ainda na modernidade, é possível verificar punições jurídicas ao ato de interromper a vida. Barbagli (2019)

ESTAÇÕES DE VIDA E MORTE: RASTROS DE PREVENÇÃO AO SUICÍDIO

afirma que as punições ocorreram em todo o continente europeu, mas também nas colônias americanas, espanholas, inglesas e francesas desde seu surgimento, embora haja mudanças entre os países e ao longo do tempo nas penas aplicadas; o que nos leva a pensar que a punição ao suicida era um ato comum.

De acordo com Barbagli (2019, p. 85), a compreensão de que as pessoas que morriam por morte voluntária traziam desgraças para a família, parentes, amigos, conhecidos e toda a comunidade, que compreendiam esse tipo de morte como sendo contagioso, contaminante, fonte de desventura, nasceu antes do cristianismo, perdurou ao longo de toda a Idade Média, mas também na Idade Moderna. Como já referido anteriormente, atualmente teme-se que o comportamento de interromper a vida seja imitado (Efeito Wether) por outras pessoas que se encontram em situações análogas, não mais como contagioso, mas se passa a ter receio que ele encoraje, "influencie" outros.

Consideravam-se contaminados os cadáveres de quem se matara e a sua casa, os seus campos e rebanhos, o local onde tirara a vida e o meio empregado. Há relatos também de destruição do local onde a pessoa foi encontrada morta. Na Alemanha, do século XVII e início do século XVIII, por exemplo, era considerado perigoso entrar em contato com essas coisas. Quem lidava com esse cadáver eram apenas alguns indivíduos, como o carrasco ou coveiro, considerados impuros e intocáveis; na Escócia, acreditava-se que se uma mulher grávida passasse pela tumba de um suicida, o nascituro estaria destinado a tirar a própria vida (Barbagli, 2019, p. 86). Mesmo levando em consideração a negação da racionalidade do ato, que o sujeito foi contaminado por forças do além, mas que não deveria ser "fraco", precisava se superar, resistir às consequências. Caso deixasse se levar pela "fraqueza", seu corpo era punido. Vale observar que, mesmo com estratégias e finalidades diferentes, as intervenções se davam de modo individualizado. Era o corpo individual que era punido.

Por muitos séculos, teólogos e juristas consideraram o suicídio como crime gravíssimo, o mais sério entre os que um ser humano podia cometer. Para eles, tirar a própria vida era um ato mais execrável do que matar outro indivíduo, pois quem mata alguém podia matar apenas o seu corpo, mas não a alma. Consideravam o ato como um homicídio duplo, físico e espiritual, ou seja, crime e pecado; nesse caso, parte da mesma moeda, não podendo alcançar o perdão, porque excluía qualquer possibilidade de arrependimento. Eram punidos com penas severas os que tiravam ou tentavam tirar a própria vida. Ao concluir que a morte fora por suicídio, começava um processo de desumanização, o qual expressava a repugnância e a aversão das autoridades civis e religiosas, bem como da população. O corpo que despertava medo, desprezo, era tratado brutalmente (Barbagli, 2019), como estratégia de desencorajar aqueles que assistiam aquela ritualização.

O autor supracitado analisa que a tendência de considerar o suicídio como crime não menos grave do que homicídio era, de fato, tão marcante que designa energia também do ponto de vista linguístico. Agostinho designava como *crimen homicidi* e como homicida aquele que o cometia. Em inglês, falava-se *self homicide* ou *self slaughter*. Shakespeare usava a expressão *self slaughter*. Na Itália, teólogos e juristas usaram por muito tempo em seus escritos os termos *sui homicida* e *sui ipsius homicidium* e depois passaram a usar a expressão *omicidio di se medesimo,* até a palavra suicídio ser traduzida e incorporada nos dicionários e vocabulários no século XVI, sem deixar de estabelecer relações com o autoassassinato, pois segue sendo utilizado por Jamison (2002, p. 8). Peters (2020, p. 3) analisa que o termo suicídio emerge da necessidade de diferenciá-lo com mais veemência do homicídio, diferenciação para a qual as referências de outrora ao "autoassassinato" tornaram-se insuficientes.

O ato de interromper a vida passa a ser considerado crime, que leva ao castigo, sendo o confisco uma das formas de punição. O confisco dos bens como forma de punição perdurou por aproximadamente 15 séculos. Somente em 1701, em algumas colônias inglesas da América do Norte, começou o processo de descriminalização do suicídio. Nesse ano, a Pensilvânia e Delaware revogaram as leis que previam o confisco dos bens de quem tirava a própria vida. Em 1777, remetendo-se à tese de Thomas Jefferson: "o suicídio não deve ser punido com o confisco, mas considerado uma doença", a Virginia seguiu o mesmo exemplo. Na Inglaterra, o parlamento aboliu em 1823 a obrigação de sepultar o suicida fora dos cemitérios; em 1870, a de confiscar seus bens; mas o crime da morte voluntária foi revogado apenas em 1961 (Barbagli, 2019, pp. 138-39).

Thomas Jefferson contribui para inscrever o ato de interromper a vida em outro campo do saber-poder: o biomédico. Vale destacar que foi no final do século XVII que houve condições de possibilidade para o surgimento do termo suicídio. Não há como precisar quem cunhou. Hooff (2002, p. 137) diz que "o mínimo que se pode dizer é que a palavra estava no ar em meados do século".

O termo suicídio tem sua origem no latim: "sui" (pronome reflexivo, "a si mesmo") + "caedere" (verbo designando o ato de golpear ou matar).

ESTAÇÕES DE VIDA E MORTE: RASTROS DE PREVENÇÃO AO SUICÍDIO

Dentre as primeiras pessoas a utilizar o neologismo *Suicidium* estão o teólogo Caramuel e o médico Thomas Browne. Caramuel, na segunda edição de seu livro *Fundamentos da Teologia moral*, publicado em Roma, em 1656, utiliza os termos *suicidium* e suicida sem alegar originalidade, enquanto Browne desenvolve o conceito de modo mais sistemático na obra *Religio Medici*[29], publicada em Londres em 1643. Ele utilizou a expressão em latim *felo de se* como "criminoso de si mesmo" para se referir ao ato de causar intencionalmente a própria morte. Em 1645, ao se traduzir o livro do latim para o inglês, apareceu a palavra *suicide* (suicídio).

A concepção de suicídio como roubo (já que a vida pertencia ao soberano) também pode ser observada nos séculos XVII e XVIII, pelos mercadores portugueses, holandeses, franceses, que transportavam para as Américas os escravos africanos acorrentados nos conveses dos navios e que consideravam os escravos suicidas como ladrões. Na tentativa de dissuadi-los, empregavam as estratégias de punição, como a decapitação e outras. Barbagli (2019) afirma que muitos dos africanos transportados à força para as Américas acreditavam que, se tirassem a própria vida, poderiam escapar da escravidão retornando a seus países, encontrando seus amigos e parentes. "Pensavam que poderiam voltar voando sobre o oceano como grandes aves velozes e resistentes" (Barbagli, 2019, p. 91). No entanto, essa viagem só poderia acontecer se o corpo permanecesse intacto. Assim, os mercadores esperavam, com a ameaça da decapitação, convencer os demais a não seguirem por esse caminho.

Barbagli (2019, p. 91) mostra que "no Brasil, na ilha de Martinica, Guadalupe e Reunião, os escravos de origem africana, às vezes se mataram por vingança, cientes de estarem assim prejudicando economicamente o seu senhor". Aponta que ainda no século XX, em algumas populações da Costa do Marfim, o suicídio era considerado crime e punido com sanções pecuniárias, pois todos os indivíduos eram propriedade do rei. Por isso, em Camarões, o chefe da aldeia deveria ressarcir o rei, caso algum dos seus homens tirassem a própria vida.

---

[29] Willis Bund (2019) escreve a apresentação da edição que tive acesso — uma vez que ao longo desse período o livro teve várias edições e foi traduzido para diversas línguas — e considera que Browne apresenta um pedido de desculpas por sua crença, buscando fundamentar suas opiniões e se esforça para mostrar que, embora tivesse sido acusado de ateísmo, era em todos os aspectos um bom cristão e leal à Igreja da Inglaterra. "Religio Medici" — a religião de um médico — foi seu primeiro e mais celebrado trabalho, publicado logo após seu retorno de suas viagens; dá-nos as impressões feitas em sua mente pelas várias e opostas escolas pelas quais passou. Browne chegou a contar que nunca teve a intenção de publicá-lo, mas que fora convencido do contrário. A obra, desde seu lançamento, teve um grande sucesso. Durante a vida do autor, de 1643 a 1681, teve 11 edições. Mas também gerou controvérsias, chegando a ser colocada no Índice de Livros Proibidos do Vaticano, o que limitou a circulação, especialmente em países católicos (Bertolote, 2013). No entanto, a palavra suicídio, colocada em circulação por ele no livro, teve uma brilhante carreira, linguisticamente falando, traduzida para diversos idiomas contemporâneos.

No percurso histórico, o suicídio também foi designado como pecado, um dos mais graves que o ser humano pudesse cometer. Passamos a seguir a historicizar o suicídio como sendo um dos piores pecados a partir da Idade média, com Santo Agostinho.

3.1 O suicídio como pecado

A compreensão que a Igreja católica[30] faz desse ato mudou, mas não é incomum encontrar pessoas condenando, em nome de Deus, outras que se suicidaram nos dias atuais. Certa vez, ao terminar uma palestra sobre prevenção ao suicídio, uma mulher de aproximadamente 50 anos aproximou-se de mim, pegou nas minhas duas mãos e disse: "doutor, diz para mim que meu filho não vai para o inferno, ele se matou tem cinco anos, desde aquela data eu rezo para que Deus tenha misericórdia dele todos os dias". Naquele momento, emudeci, olhei para ela e disse:

> [...] sabemos que a misericórdia de Deus é infinita, e me parece que isso é que motiva suas orações. Rezar nos faz bem, abre novas possibilidades para a gente compreender o que se passa em nós, o que estamos sentindo e nos possibilita direcionar melhor nossos sentimentos.

Ela me agradeceu com um forte abraço e disse: "eu já conversei com vários padres sobre isso, e eles também disseram isso. Que bom ouvir isso de você que é especialista na área". Aquela fala ficou ecoando em mim; para além de perder um filho, ela seguia sofrendo com medo de que seu filho pudesse ir para o inferno.

Também em uma das entrevistas que realizei com uma pessoa na ocasião da construção de dados para o mestrado, uma pessoa me disse:

> [...] nós mudamos de religião após a morte do meu pai; nós éramos católicos, íamos à missa todos os domingos, havia padres que frequentavam nossa casa, e quando meu pai se suicidou, eles disseram que não podiam fazer os rituais.

Nesse sentido, Dutra (2010) afirma que o suicídio, ainda nos dias atuais, segue envolto em uma aura de pecado, vergonha e preconceito. Se, na Inglaterra do século XVII, o corpo daquele que se suicidava era atraves-

---

[30] Até a Reforma Protestante, liderada por Martinho Lutero (1483-1546), que aconteceu em 1517, falamos de cristianismo. Depois, temos que falar em Igreja Católica especificamente ou outra, já que outras denominações também são parte do cristianismo).

ESTAÇÕES DE VIDA E MORTE: RASTROS DE PREVENÇÃO AO SUICÍDIO

sado por uma estaca e colocado em uma encruzilhada, com uma pedra na cabeça, de modo que não voltasse para assombrar os vivos, esse tipo de morte parece assombrar de outras formas hoje, ao ponto de compreenderem que pessoas "vulneráveis" possam ser influenciadas a cometerem o mesmo ato. E quando isso acontece, como no caso relatado anteriormente, ficamos assombrados com o medo de que essa pessoa seja condenada pela justiça divina ao fogo eterno.

O Código de Direito Canônico da Igreja Católica, promulgado pelo papa Bento XV em 1917, negava aos suicidas a sepultura eclesiástica (cf. Cânon 1240, § 1, n.º 3) e a missa de corpo presente e, ainda, aquelas por ocasião do aniversário de morte e outros ofícios fúnebres públicos (Cânon 1241). Porém, se não houvesse certeza que foi suicídio deliberado e, ademais, esse seja de domínio público, não se lhes podia privar da sepultura eclesiástica.

No livro que orienta as práticas cristãs, a Bíblia, não se encontra nenhuma condenação ao suicídio. Ao contrário, no Antigo Testamento, encontram-se histórias relatando personagens que tiraram a própria vida: Saul, Abimelec, Eleazar, Sansão são exemplos de pessoas que realizaram atos de coragem, entregando sua vida por uma causa.

O cristianismo se sustenta nos ensinamentos de seu fundador, Jesus, que 'se deu à morte para a salvação da humanidade', orientando seus discípulos a fazer o mesmo. Como aponta Minois (2018), os discípulos exaltam o sacrifício voluntário a exemplo de Cristo, de tal maneira que os patriarcas da Igreja Católica se preocuparam e se questionaram durante séculos sobre o ato de tirar a vida. Nos primeiros séculos do cristianismo, o ato de entregar a vida por uma causa foi estimulado.

Botega (2015, p. 18) relata que, nas arenas romanas, milhares de gladiadores escravos e cristãos foram dizimados. Alguns cristãos foram lançados aos leões pelos romanos por puro passatempo. No entanto, os romanos não esperavam que os cristãos encarassem esses animais como instrumento de glória e salvação, o que sinaliza uma resistência à política do soberano, em que suas crenças importavam mais que suas vidas. Morriam defendendo suas causas, suas crenças. Afinal, Jesus se entregou à condenação, já sabendo qual seria seu destino — a morte —, o que serve de exemplo para os seus seguidores. No entanto, os condenados encaravam aquele ato com bravura, defendendo seus ideais, suas crenças.

Alvarez (1999, p. 78) aponta que "quanto mais a Igreja incutia em seus fieis a ideia de que este mundo era um vale de lágrimas, pecados e tentações, onde eles esperavam com ansiedade que a morte os libertasse para a glória eterna, mais irresistível se tornava a tentação do suicídio".

Vale ressaltar que havia uma diferença nos modos de lidar com morte suicida nos primeiros séculos da era cristã. Caso ela ocorresse em função da causa, esse ato era visto como glorificante, a exemplo dos mártires. Caso contrário, era visto como negativo, como uma deserção, traição, assim como fez Judas. Ou seja, não era o ato em si, mas as motivações que eram levadas em consideração.

O modo de lidar com o ato de interromper a própria vida, necessariamente, precisa ser analisado em seu contexto sócio-histórico-cultural. Nesse sentido, as crenças e os fundamentos para a preservação da vida no cristianismo se dão por acreditar que a vida é dom de Deus, não cabendo ao ser humano decidir; ele apenas é um administrador da vida. Sendo assim, Deus dá a vida e somente Ele pode tirar; logo, o suicido é um pecado, crime contra a lei de Deus. E sendo crime, precisa ser punido.

Como já foi dito, na Bíblia não há menção de condenação ao ato de interromper a vida, já que em passagens do Antigo Testamento, casos de interrupção da vida são narrados como possibilidades e, com certo grau de reconhecimento, seja pela expressão da fé, seja pela renúncia da vida carnal. Foi Santo Agostinho que incutiu a tese de que interromper a vida é uma prática abominável, não sendo aceita sob hipótese alguma.

Agostinho, para demarcar que se entregar à morte é pecado, um dos mais graves que alguém pode cometer, toma o 5º mandamento: "não matarás", para afirmar que ele deve ser aplicado ao ato de interromper a vida. Enfatiza que:

> [...] ninguém tem o direito de causar a própria morte por sua iniciativa sob o pretexto de se livrar de calamidades, porque cairia nas perpétuas; ninguém tem esse direito em relação aos pecados alheios, porque começaria por ter um próprio e gravíssimo pecado quem ainda estava limpo de toda a mácula estranha; ninguém tem esse direito em relação aos seus pecados passados: precisamente por causa deles é que lhe é mais necessária a vida presente para poder repará-los com a sua penitência; ninguém o tem sob pretexto de desejar a vida melhor que o espera após a morte: esta vida não acolhe no seu seio os réus da sua própria morte. (Agostinho, 1996, p. 172).

Agostinho toma a teoria platônica e do donatismo para sustentar seu posicionamento, relata Minois (2018). Os platônicos consideram que o suicídio é um atentado contra os direitos dos deuses. Isso será tomado por Agostinho para sustentar a sua teoria de que a vida é um dom sagrado de Deus e que só ele tem o direito de dispor dela. Donato, bispo do Cartago, reclamou tratamento severo aos cristãos que haviam fraquejado durante a perseguição do imperador romano Diocleciano, no século IV. O endurecimento da moral cristã em relação ao suicídio, a partir do século V, tem fortes influências na ênfase que o direito civil, como também o direito canônico, dão à preservação da vida humana.

Questões morais se fazem presentes no modo como se lida com esse ato nos dias atuais e vale ressaltar que a moral se constitui em diferentes tempos históricos. Em nosso tempo, rege uma demanda do poder político, ou seja, que se constitui por meio dos interesses de práticas de governamentalidade de nossa sociedade, e não somente das igrejas.

Outro filósofo/teólogo que irá contribuir na construção dos pilares ético e moral do Cristianismo frente aos suicídios é Tomás de Aquino; assinala que matar a si mesmo é absolutamente ilícito, ou seja, o suicido é pecado mortal, por três razões, que são:

1ª) Todo ser se ama naturalmente a si mesmo. Por isso que se conserva na existência e resiste, quanto pode, ao que poderia destruí-lo. Portanto, *quem se mata vai contra a tendência da natureza e contra a caridade, pela qual cada um deve amar-se a si mesmo*. Assim, o suicídio será sempre pecado mortal, já que se opõe à lei natural e à caridade;

2ª) A parte pela qual o ser é, pertence ao todo; assim, cada homem é parte da comunidade. Por isso, matando-se, *comete injustiça contra a comunidade*;

3ª) A vida é um dom de Deus ao homem, e permanece sempre dependente do poder daquele que "faz morrer e faz viver". Quem se priva da vida, peca, portanto, contra Deus, pois só a Deus compete julgar a respeito da morte e da vida, como se diz no livro do Deuteronômio: "Eu farei morrer e farei viver" (Aquino, 1996, p. 195, grifos meus).

Tomás de Aquino argumenta sobre o porquê esse ato deve ser visto como proibido e um pecado mortal. Pelo princípio de que a vida é dom de Deus (lei natural da vida) como um fluxo natural que deve ser respeitado, pela ordem social (o suicídio como uma agressão, injustiça para com a comunidade) e pela lei divina (pecado mortal).

Mas o que é um pecado mortal para o catolicismo? Que consequências isso terá nas estratégias de enfrentamento desse tipo de morte? De acordo com o Catecismo da Igreja Católica, parágrafo 1819, o pecado mortal requer pleno conhecimento e pleno consentimento. Pressupõe o conhecimento do caráter pecaminoso do ato, de sua oposição à lei de Deus. Envolve também um consentimento suficientemente deliberado para ser uma escolha pessoal. Nesse sentido, o pecado mortal só acontece quando o indivíduo comete um delito contra Deus a partir desses três princípios: consciência, liberdade, matéria grave, que é um ato de graves consequências para si ou para os outros. Vale realçar aqui a ênfase que é dada na questão da consciência ao inscrever o suicídio como pecado mortal.

Esses três elementos nos fazem pensar que não necessariamente a pessoa que tira a própria vida tem condições de deliberar sobre ela de modo racional. Não se admitia nesse período que alguém em sã consciência pudesse querer tirar a própria vida e se passa, então, a olhar para o suicídio como sendo ação diabólica, um ato de loucura. Como apresenta Minois (2018, p. 49), ao compreender e dar explicações sobre o suicídio como sendo consequência de ações do diabo ou pela loucura, inscreve o ato na ordem da irracionalidade. Observo que não consideravam que uma pessoa pudesse avaliar que a vida valia mais a pena ser vivida. Os que não dispunham de um encantamento pela vida, que por algum motivo não reconheciam que a vida era boa e bela por natureza, eram considerados desequilibrados, loucos.

Ser considerado louco poderia ser uma estratégia para que os familiares não viessem a ter os bens confiscados. Como uma forma de resistência à política de confisco dos bens, muitas vezes a comunidade e os familiares faziam com que a morte parecesse acidente, crime ou um gesto de loucura. O fato de o trabalho dos responsáveis pelas investigações não ser remunerado facilitava que os familiares os corrompessem e conseguissem veredictos favoráveis (Minois, 2018). A constatação de Barbagli (2019, p. 141) que "bastava um certificado médico que atestasse algum tipo de distúrbio psíquico para que o suicida adquirisse o direito de receber todas as cerimônias religiosas" nos dá pistas sobre os embates de saber-poder. Se antes era o saber-religioso que ditava as regras e as explicações sobre esse tipo de morte, a partir do fim da Idade Média, o saber-médico passa

ESTAÇÕES DE VIDA E MORTE: RASTROS DE PREVENÇÃO AO SUICÍDIO

a inscrever outra forma de compreender o ato: distúrbio psíquico, vítima das disfunções biológicas.

De acordo com Puentes (2008), a invenção da imprensa, em meados do século XV, contribuiu para mudar a forma como o ato de interromper a vida era compreendido, pois os livros passaram a ser mais acessíveis a pessoas fora do espaço religioso. Livros escritos pelos filósofos antigos puderam ser traduzidos e lidos. Ou seja, no século XV, houve mudanças no modo de compreender e lidar com a morte voluntária. Os primeiros humanistas foram influenciados pelos modos como os filósofos antigos lidavam com a morte voluntária, como observou Minois (2018, p. 49): "o aprofundamento dos conhecimentos sobre a Antiguidade e a admiração crescente dos humanistas por seus valores vão, paulatinamente mudar o ponto de vista sobre esse tipo de morte". Nesse sentido, o Renascimento contribuiu de modo significativo para uma tentativa de questionar as compreensões que se faziam até então desse tipo de morte.

John Donne, bispo anglicano da catedral de St. Paul em Londres, quando assume o cargo de bispo em 1621, questionou a ideia clássica de Tomás de Aquino de que o suicídio era um pecado irremediável, uma vez que não poderia existir arrependimento. E defendia que o suicídio nem sempre é um pecado ou uma violação da lei ou da razão, existindo circunstâncias específicas que o legitimam, minando aquele modo de pensar e compreender o suicídio, principalmente no catolicismo (Minois, 2018).

Em uma sociedade marcada pela forma de ver o suicídio pela ótica religiosa, David Hume, no livro *O Suicídio*, propõe-se a provar que o suicídio não é uma transgressão de nosso dever para com Deus, pois não existe nenhuma passagem bíblica que condene esse ato. E defende o suicídio em casos de dores, doenças, vergonha ou misérias. Também argumenta que jamais alguém tirou a vida enquanto valia a pena mantê-la (Puentes, 2008).

Barbagli (2019, p. 141) observou, em 1983, que um bispo em Paris propôs que "o suicídio não era pecado e sim uma desgraça e prometeu a misericórdia da Igreja aos que tirassem a sua vida". Somente em janeiro de 1983, com a promulgação do novo Código de Direito Canônico pelo papa João Paulo II, o elenco dos casos nos quais se deve negar as exéquias não contempla o suicídio (cânon 1184). No entanto, a compreensão do ato alinhava-se aos saberes médicos, de uma responsabilização individualizada pelo ato, como pode se observar no Catecismo da Igreja Católica, promulgado em 1992.

Cada um é responsável por sua vida diante de Deus que lhe deu e que dela é sempre o único e soberano Senhor. Devemos receber a vida com reconhecimento e preservá-la para sua honra e a salvação de nossas almas. *Somos administradores e não os proprietários da vida* que Deus nos confiou. Não podemos dispor dela. *O suicídio contradiz a inclinação natural* do ser humano a conservar e perpetuar a própria vida. É gravemente contrário ao justo amor de si mesmo. Ofende igualmente o amor do próximo porque rompe injustamente os vínculos de solidariedade com as sociedades familiar, nacional e humana, às quais nos ligam muitas obrigações. O suicídio é contrário ao amor do Deus vivo. *Se for cometido com a intenção de servir de exemplo, principalmente para os jovens,* o suicídio adquire ainda a gravidade de um escândalo. A cooperação voluntária ao suicídio é contrária à lei moral. *Distúrbios psíquicos graves,* a angústia ou o medo grave da provação, do sofrimento ou da tortura *podem diminuir a responsabilidade do suicida.* Não se deve desesperar da salvação das pessoas que se mataram. Deus pode, por caminhos que só Ele conhece, dar-lhes a ocasião de um arrependimento salutar. A Igreja ora pelas pessoas que atentaram contra a própria vida" (n.º 2280-2283, grifos meus).

No que tangia à política do confisco, "o menor sinal de comportamento estranho ou inabitual podia ser alegado como prova de perturbação mental, e em muitos casos, os investigadores o aceitavam como tal" (Minois, 2018, p. 45). Nesse período, era inconcebível que uma pessoa de mente saudável pudesse considerar com frieza que a vida não vale a pena ser vivida. Minois (2018, p. 45) analisou que o "simples fato de imaginá-la, sem motivo particular, é, em si, um sintoma de loucura, de desequilíbrio mental, que começa a ser chamado de melancolia".

O saber-médico passa a dar outras explicações para o ato de interromper a vida, para além de explicações diabólicas. A compreensão do suicídio associado à loucura inscreve outras possibilidades para lidar com esse ato. Scliar (2008) analisa em um texto intitulado "o nascimento da melancolia" as mudanças no modo de compreender o suicídio após a publicação do livro *Biothanatos,* escrito por John Donne. Donne foi um capelão anglicano da corte da Inglaterra, doutor em teologia pela Universidade de Cambridge, professor de Teologia na Lincoln`sInn, a célebre escola de direito de Londres.

ESTAÇÕES DE VIDA E MORTE: RASTROS DE PREVENÇÃO AO SUICÍDIO

De acordo com Minois (2018, p. 114), Donne foi ao "mesmo tempo humanista, pregador e teólogo, receptível a todas as correntes de opinião de sua época. Não se trata nem de um marginal nem de um excêntrico, mas de um pastor anglicano responsável, o que confere ao tratado uma seriedade inegável". Para Puentes (2008, p. 33), foi um tratado dedicado a analisar "a morte violenta" a partir de textos cristãos. "O texto se estrutura baseado na tríplice indagação se a morte violenta é contrária à lei da natureza, a lei da razão e a lei de Deus".

Donne receava o impacto que seu livro poderia causar e as consequências de seu posicionamento, ao contrapor a tese iniciada por Santo Agostinho que perdurou por toda a Idade Média, de que interromper a vida era por natureza um pecado. Minois (2018) diz que, em 1619, Donne escreve para Alcir Robert Claro, um dos amigos a quem confiou um exemplar, dizendo que foi tão longe na ideia de destruir o livro que faltou pouco para que o queimasse.

Donne sabia que estava abrindo uma fissura em um tabu e "receava ser responsabilizado pelos suicídios que seu livro provocaria" (Minois, 2018, p. 115). Interessante observar que já pairava a compreensão de que um texto poderia influenciar pessoas a interromperem a vida. Já no subtítulo do livro *Biothanatos*, o autor tensiona as compreensões dominantes até então, onde se afirma que a autodestruição não é tão inevitavelmente assim um pecado por natureza e que ele nunca possa ser outra coisa (tradução livre).

> Uma coisa é manifestar publicamente a admiração por Brutus e Catão, figuras quase míticas por sua ancestralidade; outra *é demonstrar que o suicídio é um ato que não viola nem a natureza nem a lei divina, e que ele nunca deveria ser penalizado* (Minois, 2018, p. 115).

Donne aponta para aquilo que no final do século XX se tornou a compreensão dominante: o suicídio como consequência de adoecimento mental. Scliar (2008, p. 134) analisa que não foi por acaso que Biothanatos foi publicado apenas alguns anos depois da publicação de outra obra importante para mudar a forma de compreender da época, "a anatomia da melancolia" (The anatomy of melancholy), que fora publicado na Inglaterra, em 1621, por Robert Burton. O livro pode ser considerado um *best seller* da época, já que teve cinco edições no período de vida de seu autor. O tema tratado no livro não apresentava uma novidade em si, já que os antigos gregos falavam de melancolia.

De acordo com Puentes (2008, p. 33, grifos meus),

> Burton assinala uma ruptura entre a ideia medieval da 'desesperatio' como causa da morte auto-infligida e a ideia da melancolia como fator responsável por esse tipo de morte. Ora, isso significa *passar de um contexto religioso* em que a morte de si é vista como um *pecado abominável para um outro universo cultural* onde ela passará a ser vista precipuamente como um *distúrbio de fundo somático*.

Scliar (2008, p. 133) situa o contexto em que o livro foi publicado em uma época de grandes e decisivas transformações na Europa, que vieram a influenciar toda humanidade, já que podem ser observadas nesse período grandes mudanças econômicas, políticas, religiosas, científicas. Grandes progressos científicos da época influenciaram de modo significativo para mudar as compreensões e o modo de lidar com o processo de interromper a vida. Como observou Scliar, nessa época, as universidades surgidas no fim da Idade Média se multiplicam, chegando também à recém-colonizada América.

Pallares e Bahls (2003) consideram que o livro *Biothanatos* foi a primeira tentativa de considerar as condições sociais e culturais como variáveis importantes para motivar a interrupção da vida. Compreendo que a vertente biológica (re)apresentada nesse contexto ganhará força no âmbito da compreensão deste modo de morrer, bem como o contexto social passa a ser considerado, criando possibilidade para outros modos de pensar e lidar com a morte voluntária, para além daquelas criadas, aprimoradas e desenvolvidas na Idade Média.

Mudanças puderam ser observadas quando interrogações sobre a licitude do ato de interromper a vida ganharam força. Os escritos da literatura médica e filosófica contribuíram para romper com a criminalização e a concepção de pecado mortal, situando outra compreensão sobre o ato de interromper a vida. Aos poucos, o saber-médico vai expandindo sua compreensão e "o suicida deixou de ser considerado um criminoso, passando a ser visto como uma vítima da fisiologia cerebral e das desgraças da vida, uma pessoa 'digna de compaixão', por sofrer de loucura, demência, melancolia" (Barbagli, 2019, p. 143).

Observa-se aqui uma mudança importante no que tange à forma de compreender e lidar com o ato de interromper a vida. Explicações feitas a partido do campo de saber/poder jurídico-religioso passam a ceder espaço a partir dos tensionamentos com as explicações do campo psicológico-organicista. As compreensões que emergem nesse contexto não excluem as anteriores, mas tomam outros contornos, pois a vida e a morte passam a ser inscritas nos mecanismos biopolíticos, constituindo assim crime contra as leis e propósitos do Estado, cabendo a este o desenvolvimento de estratégias para a majoração da vida.

Em relação à prevenção e às suas estratégias, em uma concepção do suicídio como crime ou pecado, o que vigorou foi a punição, muitas vezes violenta e cruel, tanto com o corpo do suicida como com sua família. Devido à fusão, praticamente, entre Estado e Igreja, na Idade Média, o que perdurou depois em muitos lugares, as duas instituições aplicaram a mesma estratégia: punir e condenar.

3.2 O suicídio como consequência de adoecimento mental

A partir do século XV, diante das transformações socioeconômicas, políticas, religiosas, culturais, que proporcionaram mudanças em todas as esferas da vida, começam a ser feitos apelos para o estudo científico e, simultaneamente, começam a emergir movimentos que visam a despenalização do suicídio em vários países da Europa. Copérnico, Lutero, Montaigne, dentre outros pensadores, contribuíram para fraturar dogmas, verdades construídas ao longo do período medieval, criando assim condições de possibilidades de reflexões sobre a sociedade, o indivíduo e, consequentemente, sobre o suicídio. Outras formas de pensar e lidar com esse acontecimento surgiram, visões menos demonizadoras passam a existir, colocando em circulação outros discursos sobre esse ato, criando outros dispositivos para interditá-lo, sem, contudo, romper com o mal-estar em torno dele.

Minois (2018) sinaliza que, no século das luzes, o suicídio ficou situado no cruzamento entre religião, justiça e costumes, gerando um grande tensionamento entre pensadores, visto que avançava, nessa nova sociedade, o "deísmo", o livre pensar, o ateísmo e o espírito filosófico, que "serão os bodes expiatórios convenientes dos defensores da rígida moral tradicional, alarmados e desesperados com o aumento da ameaça suicida" (Minois, 2018, p. 262). Isso, de certa forma, serviu de estopim para inflamar o tensionamento entre as perspectivas pró e contra interromper a vida.

O autor supracitado nos conduz a pensar como a sociedade apresentava curiosidades e inquietudes sobre a morte voluntária. Ao mesmo tempo em que parte da sociedade julgava não ser pertinente abordar a temática, há um amplo movimento buscando pensar as questões existenciais, dentre elas, a morte voluntária, como se pode perceber frente ao grande sucesso das obras de Shakespeare. Em *A Tragédia de Hamlet, Príncipe da Dinamarca*, ele retrata o provável suicídio da personagem Ofélia, que morre afogada. A bela e honrada moça que, amando Hamlet, vê-se privada de seu amor, passa a dar mostras de sua loucura após a morte de seu pai, Polônio, que fora assassinado por Hamlet.

> Ser ou não ser... Eis a questão. Que é mais nobre para a alma: suportar os dardos e arremessos do fardo sempre adverso, ou armar-se contra um mar de desventuras e dar-lhes fim tentando resistir-lhes? Morrer... dormir... mais nada... Imaginar que um sono põe remate aos sofrimentos do coração e aos golpes infinitos que constituem a natural herança da carne é solução para almejar-se. Morrer.., dormir... dormir... Talvez sonhar... É aí que bate o ponto. O não sabermos que sonhos poderá trazer o sono da morte, quando ao fim desenrolarmos toda a meada mortal, nos põe suspensos. É essa ideia que torna verdadeira calamidade a vida assim tão longa! Pois quem suportaria o escárnio e os golpes do mundo, as injustiças dos mais fortes, os maus-tratos dos tolos, a agonia do amor não retribuído, as leis amorosas, a implicância dos chefes e o desprezo da inépcia contra o mérito paciente, se estivesse em suas mãos obter sossego com um punhal? Que fardos levaria nesta vida cansada, a suar, gemendo, se não por temer algo após a morte - terra desconhecida de cujo âmbito jamais ninguém voltou - que nos inibe a vontade, fazendo que aceitemos os males conhecidos, sem buscarmos refúgio noutros males ignorados? De todos faz covardes a consciência. (Shakespeare, 1603, pp. 81-82).

Essa peça de 1600 parece provocar reflexões sobre o tema a partir de outro paradigma, para além da vertente religiosa, o existencial, como expressou Hamlet: "ser ou não ser – eis a questão". A população inglesa parece estar a fim de refletir sobre essa temática, que Minois (2018) chamou de um fenômeno social, uma vez que, nos palcos do teatro inglês, de 1580 a 1620, foram apresentados mais de 200 suicídios em suas peças. E interpreta que os espectadores desse período se revelam partidários da morte voluntária devido à quantidade de produções sobre o tema que passa a surgir.

Inspirados pelos filósofos greco-romanos, alguns pensadores, a partir do século XVI, vão argumentar sobre o direito romano do período impe-

ESTAÇÕES DE VIDA E MORTE: RASTROS DE PREVENÇÃO AO SUICÍDIO

rial, em que os cidadãos poderiam escolher interromper a vida. Para eles, a grandeza da antiguidade reside na sabedoria moral dos pensadores somada à nobreza da alma de seus políticos. Essa admiração proporcionará colocar à luz da razão as discussões sobre os suicídios (Minois, 2018).

Nesse período, vamos encontrar várias tentativas de olhar para o ser humano fora do âmbito religioso, que por muito tempo imperou, desafiando a condenação social e religiosa do suicídio. Ao mesmo tempo em que se busca uma forma menos condenatória para lidar com esse tipo de morte, pois há aqueles que relutam em ceder. Minois (2018) constata que, em 1773, Dumas publicou, em Amsterdam, um tratado sobre o suicídio, no qual argumentou contra todas as formas de morte voluntária, refutando os argumentos filosóficos e atacando os juristas que não mais criminalizavam o suicídio. Para ele, o suicídio era um crime e deveria ser punido e as penas aplicadas deveriam intimidar as pessoas, a fim de evitar o contágio. Ou seja, continua a defesa da punição como estratégia para coibir que esse ato seja propagado ou até mesmo que outras pessoas se sintam encorajadas a seguir por esse caminho, o de antecipar a morte.

Nesse campo de tensionamentos, vamos encontrar pensadores como Montaigne, com funções de destaque como jurista, político, filósofo, escritor, que argumenta em seus escritos a favor da morte voluntária. Frazão (2006) analisa os escritos de Montaigne e destaca seus argumentos que, "se não vale a pena viver, viver sem que valha a pena não é imprescindível"; "ninguém verá prolongar-se o seu mal se não quiser"; "a morte é um remédio para todos os males, é um porto de segurança que não é de se temer jamais e sim de se procurar não raro"; "a morte voluntária é a mais bela"; "nossa vida depende da vontade de outrem; nossa morte da nossa"; "em nenhuma coisa, mais que nesta, temos liberdade para agir". Montaigne tensiona o imperativo de fazer viver, manifestado pela Lei do confisco, que perdurou por mais de um milênio.

Vale lembrar que a "loucura" ocupou um lugar estratégico para a descriminalização do suicídio, para fazer cessar a Lei do Confisco, bem como ter os rituais fúnebres celebrados na Igreja Católica. Frazão (2006) analisa que Erasmo corrobora essa atitude de tensionamento no Elogio da Loucura, ao passear pela sociedade em seus escritos, fazendo fortes críticas aos vários "tipos" de homens, os que são consumidos pela deusa da Loucura, os que só pensam em dinheiro, os que só pensam em poder, os que não gostam de trabalhar, os bêbados, os fanáticos religiosos, negociantes, vendedores, jogadores, os sofistas e dialéticos, entre muitos outros. Compreendo que Erasmo chama a atenção para os modos de vida, as singularidades, os modos como somos afetados e os possíveis fatores que podem levar aos suicídios.

Está posto nesse campo, e cada vez mais aceito, que o suicídio é consequência de um estado de loucura, como escreveu William Rowley, em 1788: "aquele que se suicida é, incontestavelmente, *non compos mentis*, e, portanto, o suicídio deveria ser considerado sempre um ato de loucura" (Minois, 2018, p. 306).

A partir do Renascimento e das novas compreensões científicas, esse modo de morrer passa a ser cada vez mais compreendido a partir do saber médico, ou seja, como consequência de um processo de adoecimento mental. "Vítima de uma indesejada doença" é mais um rótulo com o qual o suicídio passou a ser inscrito, já que os discursos anteriores não são excluídos, como visto anteriormente; apenas novos passam a existir com outras possibilidades e forças para circular na sociedade.

Se durante muitos séculos os saberes instituídos explicavam o ato de interromper a vida por um viés religioso, a partir de então, emerge outro discurso articulado pelo saber-médico que, com o tempo, passa a ser protagonista, influenciando e modificando o posicionamento da Igreja e do Estado sobre esse modo de morrer. O que era pecado mortal e proibido das ritualidades fúnebres e até mesmo de ser enterrado nos cemitérios que geralmente eram administrados pelas Igrejas passa a ser considerado como vítima de um processo de adoecimento e clamado a Deus para que se tenha misericórdia.

Foucault (2015b, p. 144) observa que, com o desenvolvimento do capitalismo, a partir do final do século XVIII, o corpo foi tomado como força de produção, força de trabalho. "O controle da sociedade sobre os indivíduos não se opera simplesmente pela consciência ou pela ideologia, mas começa no corpo, com o corpo".

O suicídio, como apresentado, é um ato regular ao longo da história, cujo modo de lidar foi se transformando, alinhado às estratégias de poder-saber de cada época. Com a "entrada da vida na história", a partir do século XVII, os processos relacionados à vida humana passaram cada vez mais a se articularem com os mecanismos de saber-poder, visando controlá-la e modificá-la.

ESTAÇÕES DE VIDA E MORTE: RASTROS DE PREVENÇÃO AO SUICÍDIO

> O homem ocidental aprende pouco a pouco o que é ser uma espécie viva num mundo vivo, ter um corpo, condições de existência, probabilidade de vida, saúde individual e coletiva, forças que se podem modificar, e um espaço em que se pode reparti-las de modo ótimo. Pela primeira vez na história, sem dúvida, o biológico reflete-se no político; o fato de viver não é mais esse sustentáculo inacessível que só emerge de tempos em tempos, no acaso da morte e de sua fatalidade: cai, em parte, no campo de controle do saber e de intervenção do poder. (Foucault, 2017, p.134).

Para administrar a vida, o poder se apropria dos processos biológicos para controlá-los e, eventualmente, modificá-los. Os novos objetos de saber são colocados a serviço do poder por meio dos dispositivos tecnológicos, objetivando controlar a vida, geri-la como estratégia de promoção dela, seja da vida da população como um todo, ou mesmo de indivíduos.

> Se pudéssemos chamar "bio-história" as pressões por meio das quais os movimentos da vida e os processos da história interferem entre si, deveríamos falar de "bio-política" para designar o que faz com que a vida e seus mecanismos entrem no domínio dos cálculos explícitos, e faz do poder-saber um agente de transformação da vida humana; não é que a vida tenha sido exaustivamente integrada em técnicas que a dominem e gerem; ela lhes escapa continuamente. (Foucault, 2017, p. 154).

Observa-se no contemporâneo uma série de mecanismos sendo desenvolvidos para administrar e conduzir nossas vidas. Podemos constatar que nem sempre o suicídio foi pensado, entendido e narrado como vemos hoje, como consequência de adoecimento mental, como constataram Bertolote e Fleischmann (2002). Ao realizarem uma revisão de 31 artigos científicos publicados entre 1959 e 2001, englobando 15.629 suicídios ocorridos na população geral, inferiram que em mais de 90% dos casos caberia um diagnóstico de transtorno mental. Vale destacar que Bertolote é médico e que por 19 anos trabalhou para a OMS em Genebra. A conclusão de sua pesquisa servirá de referência para a produção de orientações sobre esse modo de morrer e muitas outras pesquisas vinculadas à temática.

Figura 17

Diagnósticos relacionados aos suicídios

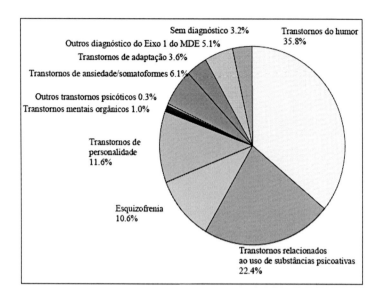

Fonte: Bertolote e Fleischmann (2002)

Nesse contexto e na maioria dos estudos sobre suicídio, pouco se interroga sobre as características de nossa época, o nosso modo de viver, as condições de vida, o modo como somos governados ou de que modo a sociedade produz os adoecimentos que podem levar ao suicídio.

Quando a OMS inscreve o suicídio como sendo um problema de saúde pública mundial, uma série de estratégias é desenvolvida para administrar e conduzir a vida. Estatísticas sobre suicídio passaram a ser divulgadas, demonstrando o seu aumento entre os adolescentes e adultos jovens; estudos científicos foram difundidos, vinculando o suicídio a certos transtornos mentais, como apresentado na imagem anterior, e amplamente divulgados nas produções da OMS, dentre outras instituições e pesquisadores sobre a temática do suicídio.

O ato suicida passa a ser alvo das abordagens preventivas, visto que as pessoas que cometem suicídio ou tentam fazê-lo geralmente "alertam" sobre seu propósito. Também os profissionais da saúde, ao diagnosticar um transtorno mental e fazer os devidos tratamentos, podem contribuir para diminuir os índices de suicídio. Alguns pesquisadores consideram que, praticamente em todos os casos, existem indicações de propósito suicida verbalmente ou por causa do comportamento.

Os sinais serão alvo dos investimentos, serão interpretados como um pedido de socorro, conscientes ou inconscientes (OMS, 1969b, 2000a). Compreendo que os "sinais" que passaram a ser divulgados nos mais variados espaços da sociedade contemporânea, analisados por profissionais na área da saúde e por grupos que trabalham na prevenção ao suicídio, soam como alerta para toda a sociedade, que é impelida a ficar "atenta", em um estado de vigília constante, para que suicídios possam ser evitados.

Esse discurso cria condições de possibilidades para desencadear vários tipos de sofrimento nas pessoas próximas a que se suicidou, como pude constatar em minha trajetória pesquisando a temática, pois elas começam a se perguntar como não perceberam que a pessoa estava precisando de ajuda, como não foram capazes de ver que estava sofrendo e, ao mesmo tempo, julgados socialmente, principalmente os familiares e amigos próximos. No contemporâneo, algumas estratégias de alerta passaram a fazer parte inclusive das redes sociais e outros espaços da internet em busca de comportamentos suspeitos.

De alguma forma, tornamo-nos todos vigilantes, inspetores, monitores da possibilidade de suicídio do próximo. Ao nos transformarmos em contínuos avaliadores do possível suicida, nossa atenção passa a estar voltada para palavras e ações, indícios que poderiam nos "dizer" alguma coisa. Detalhes, antes irrelevantes, passam a ser considerados sinais de alerta. Não porque talvez em última instância estejamos preocupados com o outro, mas com a possibilidade da sua morte e de ter de conviver com isso.

Passou a ser dito que sempre há sinais anteriores quando um suicídio acontece, há sempre um pedido de ajuda que não pode ser desvelado - introduz-se a condução de condutas, a modelagem de comportamentos, da produção de "espaços" e "modos" de percepção do outro. Produz-se, portanto, subjetividades vigilantes, atentas ao outro, ou melhor, não ao outro, mas aos possíveis sinais de suicídio do outro. Angústia, tristeza, cansaço, descontentamento, revolta, raiva, entre tantos outros afetos passam a ser encaminhados a partir de protocolos, de guias de conduta. Rolnik (2018) nos provoca a pensar que nosso modo de lidar com o possível suicídio do outro — indicado em manuais — nem sempre venha a contribuir para aumentar a potência de vida, já que a preocupação principal acaba sendo evitar o fim da vida orgânica, e não o aumento da potência de vida da forma mais ampla possível.

A vida foi capturada de tal forma que se tornou muito difícil aceitar que a morte ocorra, principalmente a morte em que o sujeito decide interromper a vida. Para tanto, a OMS (2000a) transforma o suicídio em uma "grande questão de Saúde Pública em todos os países" e convoca a sociedade de forma geral a combater esse mal, não apenas capacitando as equipes de saúde para identificar, abordar, manejar e encaminhar um potencial suicida para buscar ajuda, mas o torna um dever de todos, que ficam o tempo todo monitorando os comportamentos "suspeitos".

No Brasil, o Ministério da Saúde vem, desde 2006, trabalhando para desenvolver Plano, Lei e estratégias de Prevenção ao Suicídio. Isso nos leva a interrogar: como se tem feito a prevenção e como se propõe a fazer? Como o Estado participa do plano e da política de prevenção?

Para colocar tais estratégias em vigor, faz-se necessário recorrer ao saber probabilístico, e as singularidades são deixadas de lado, já que para que as estratégias entrem em funcionamento é necessário estabelecer planos universalizantes, reafirmando o casamento entre o Estado e a Medicina. E o papel mais importante do Estado é o de garantir, sustentar, reforçar, multiplicar certo tipo de vida (a vida produtiva, consumista, politicamente submissa e docilizada etc.) e pô-la em ordem.

4

NÃO É SUICÍDIO SE VOCÊ JÁ ESTÁ MORTO POR DENTRO

Busco aqui refletir sobre a precarização dos modos de vida a partir da governamentalidade neoliberal e apontar como essa arte de conduzir condutas se articula com os crescentes índices de adoecimento mental e de suicídio. Como diz Berardi (2017), filósofo italiano que frequentou cursos de Foucault e trabalhou junto com Félix Guattari, não pode ser acaso o fato de que nos últimos 40 anos o suicídio tenha crescido enormemente. Para ele, o crescimento dos índices de suicídio e de outros tipos de morte violenta está associado à expansão do neoliberalismo.

A governamentalidade neoliberal em que vivemos "é fruto de um processo histórico que não foi integralmente programado por seus pioneiros" (Dardot & Laval, 2016, p. 22). Essa forma de governo foi se compondo pouco a pouco, articulando-se com outras, fortalecendo-se, atualizando-se. Dardot e Laval dizem que a "originalidade do neoliberalismo está no fato de criar um *novo conjunto de regras* que definem não apenas outro 'regime de acumulação', mas também, mais amplamente, *outra sociedade*" (Dardot & Laval, 2016, p. 22, grifos meus). O neoliberalismo não é apenas um regime econômico e/ou político, mas uma arte de condução da vida, certo modo de ser e habitar o mundo.

> *O neoliberalismo produz novos sujeitos*, novas subjetividades. Motivados pela lógica competitiva absoluta, os indivíduos perseguem os *imperativos do desempenho*, da mobilidade, da velocidade e da *superação constantes* como forma de autor-realização, uma vez que *seus próprios destinos sociais*, dos quais são *exclusivamente responsabilizados*, segundo os preceitos neoliberais, tornam-se dependentes da qualidade do engajamento em suas atividades. (Corbanezi & Rasia, 2020, p. 297, grifos meus).

Michel Foucault se dedicou nos cursos "Segurança, território e população", ministrados em 1978, a analisar as artes de governar, as racionalidades políticas, as formas de governo. No ano seguinte, ele proferiu um curso sobre o "Nascimento da biopolítica", que versou sobre Liberalismo, Neoliberalismo — cada qual com seus princípios, seus mecanismos, suas estratégias. No curso de 1979, versou sobre liberalismo, ordoliberalismo e neoliberalismo americano, analisando as políticas de implementação dessas racionalidades de governo. Ele analisa o neoliberalismo em seu nascimento e nos deixou importantes ferramentas para acompanhar e compreender o desenvolvimento dessa governamentalidade. Ferreira Neto (2019) observa que Foucault foi premonitório ao analisar a racionalidade neoliberal em seu curso de 1979, pois, logo na sequência, o Reino Unido elege Margareth Thatcher como primeira-ministra e, no final do mesmo ano, Ronald Reagan tornou-se presidente dos Estados Unidos. Eles são considerados arautos da implementação das políticas neoliberais, juntamente com o Chile que, já na década de 80, implementou várias políticas neoliberais, dentre elas, o regime de capitalização da previdência, que está completando 40 anos.

Foucault analisa a transição do liberalismo para o neoliberalismo, acompanhando as transformações desse novo modo de conduzir condutas. Observa que já havia algumas iniciativas na Alemanha de Helmut Schmidt e na França de Giscard d'Estaing, mas a expressão político-econômica desse modelo ganharia maior visibilidade após os anos 1980, principalmente no Chile, na gestão do ditador Augusto Pinochet, país que pode ser considerado a incubadora desse modo de governar. Mas Foucault morreu antes de ver essa arte de governo crescer, multiplicar-se, atualizar-se. Vale destacar que o neoliberalismo se articula e desenvolve de modo singular em cada país, sem perder seu "genoma". Podemos comparar o neoliberalismo ao novo coronavírus causador da Covid-19, que se espalha, adapta-se, transforma-se, ficando cada vez mais forte e resistente.

Foucault (2008, p. 40) aponta que, em meados do século XVIII, nasce uma nova arte de governar, que se caracteriza pela instauração de "mecanismos, a um só tempo internos, numerosos e complexos", que tem por função não tanto assegurar o crescimento do Estado em força, riqueza e poder, mas, sim, limitar do interior o exercício do poder de governar. Essa arte de governar é articulada com o propósito de governo mínimo, o que não quer dizer negação da razão do Estado, mas, sim, o engendramento de uma sofisticada "razão do governo mínimo como princípio de organização da própria razão de Estado".

O mercado que era entendido como "um lugar dotado de uma regulamentação extremamente prolífica e estrita" (Foucault, 2008, p. 42), garan-

ESTAÇÕES DE VIDA E MORTE: RASTROS DE PREVENÇÃO AO SUICÍDIO

tindo a distribuição e a regulação justa das mercadorias, ou seja, o que era um "lugar de jurisdição" (Foucault, 2008, p. 34) passa a ser "um lugar de veridição" (Foucault, 2008, p. 44) no âmbito da arte de governar liberal, uma vez que pode/vai dizer a verdade, da adequação (ou não) da prática governamental. Isso irá possibilitar ao mercado se articular de forma estratégica, coordenada, como um sistema de produção (Foucault, 2008).

Veiga-Neto (2013, p. 24) sugere tomar o liberalismo e o neoliberalismo como formas de vida, "como *ethos*, como maneiras de ser e de estar no mundo", e não apenas como ideologias de sustentação e justificação do capitalismo e do capitalismo avançado (respectivamente). O neoliberalismo "produz certos tipos de relações sociais, certas maneiras de viver, certas subjetividades", colocando nossa existência em jogo, nosso modo de nos comportarmos, de nos relacionarmos com os outros e conosco mesmo (Dardot & Laval, 2016, p. 14).

A governamentalidade neoliberal produziu uma nova subjetividade humana, orientando a adoção de estratégias empresariais a todas as esferas da vida. O sujeito neoliberal tem a concorrência e a liberdade como ingredientes fundamentais para seu autodesenvolvimento.

Lançado sozinho na selva, que é o neoliberalismo, esse sujeito precisa estar em um estado de alerta constante, não temendo somente os grandes predadores, fáceis de serem vistos. Há de se preocupar também com os pequenos, com aqueles que se camuflam e podem atacar com facilidade e que tem um poderio letal. Para sobreviver na selva neoliberal, o sujeito precisa ser o melhor e melhorar a cada dia, em tudo o que se propõe a fazer.

A competição e o bom desempenho são os pilares desse modo de vida, que perpassa a subjetividade do sujeito neoliberal, educado para competir. Como observam Dardot e Laval (2016, p. 353), o "empreendedor de si é um ser feito para ganhar, ser bem-sucedido".

Nessa luta não há vencedores, apenas sujeitos esgotados, cansados, angustiados, adoecidos, humilhados, frustrados; às vezes aliviados por vencerem uma batalha, mas com a certeza de que no instante seguinte, outras virão. Nesse sentido, faz-se necessário problematizar a direção que as práticas de prevenção ao suicídio têm tomado, individualizando esse tipo de morte, e buscar diálogos que levem em consideração os modos de vida, as singularidades do modo de ser e estar no mundo, e refletir sobre a participação do neoliberalismo no aumento dos índices de suicídio e de adoecimento mental.

De acordo com Berardi (2017), a maioria dos atos violentos produzidos nos últimos anos, os assassinatos em massa ou os atentados suicidas radicais estão estreitamente vinculados às condições de hipercompetição, subsalário e exclusão, promovidos pelo *ethos* neoliberal.

O autor supracitado nos inspira a olhar as transformações ocorridas a partir da metade do século XX, analisando a construção da subjetividade do sujeito neoliberal, da precarização dos modos de vida e de como as mudanças sociais, culturais, subjetivas, desencadeadas pela difusão da governamentalidade neoliberal, estão associadas aos índices de suicídio na contemporaneidade.

Em uma das estações visitadas para a construção da materialidade desta obra, logo após a aprovação da Lei n.º 13.819, de 26 de abril de 2019, deparei-me com a seguinte postagem no Twitter: "não é suicídio se vc já estiver morto por dentro", como se pode verificar na imagem a seguir. Essa postagem me motivou a olhar para como o nosso modo de vida pode estar diretamente interligado com a decisão de antecipar a morte.

Figura 18

Morte por dentro

Não é suicídio se vc já estiver morto por dentro

Fonte: frase postada no Twitter por @manzarifd

Compreendo que o suicídio é um evento complexo e de causas múltiplas. No entanto, na modernidade, o saber-poder médico vem cada vez mais associando o suicídio a consequências de transtornos mentais e, principalmente, à depressão. Mas pouco se interroga sobre o que se morre antes do suicídio acontecer. Como essa morte é gestada? Em que momento e condições da vida ela acontece? Acredito que a prevenção desse tipo de morte pode acontecer na medida em que ampliamos nossas análises e compreensões para além do indivíduo, trazendo para esse campo as condições e o modo de vida daquele que decide morrer.

Em 2020, na véspera do dia mundial de prevenção ao suicídio, 10 de setembro, a organização Pan-Americana da Saúde (OPAS) publicou uma matéria apontando que, em 2019, 97.339 pessoas morreram por suicídio nas

ESTAÇÕES DE VIDA E MORTE: RASTROS DE PREVENÇÃO AO SUICÍDIO

Américas e estima-se que as tentativas de suicídio podem ter sido 20 vezes esse número, e que "embora tenha havido progresso no desenvolvimento de *intervenções baseadas em evidências* na prevenção ao suicídio, muitos países continuam apresentando taxas crescentes" (PAHO, 2021, s/p, grifos meus).

Mas quais seriam as evidências levadas em consideração? E como as intervenções estão sendo desenvolvidas? São questões importantes a serem analisadas, uma vez que o número desse tipo de morte segue crescendo. De acordo com a fonte supracitada, o suicídio é a quarta causa de morte no mundo entre jovens de 15 a 29 anos. Os homens se suicidam três vezes mais do que as mulheres, 77% das pessoas que interromperam a vida eram homens. Afirma que

> [...] a maioria dos suicídios é precedida por sinais de alerta verbais ou comportamentais, como falar sobre o desejo de morrer, sentir grande culpa ou vergonha ou se sentir um fardo para outros. Outros sinais são sensação de vazio, desesperança, de estar preso ou sem razão para viver; sentir-se extremamente triste, ansioso, agitado ou cheio de raiva; ou com dor insuportável, seja emocional ou física.
>
> Mudanças de comportamento, como fazer um plano ou pesquisar maneiras de tirar a própria vida; afastar-se dos amigos, despedir-se, distribuir itens importantes ou fazer testamentos; fazer coisas muito arriscadas, como dirigir em velocidade extrema; mostrar mudanças extremas de humor; comer ou dormir muito ou pouco; usar drogas ou álcool com mais frequência também podem ser sinais de alerta de suicídio. (PAHO, 2021, s/p).

Nessa "rede" utilizada para analisar os sinais de alerta, todas as pessoas podem ser capturadas por apresentarem um ou mais sinais em certas circunstâncias da vida, o que não necessariamente é um sinal de desistência de vida. Compreendo que muitos dos "sinais de alerta" são sintomas produzidos pela governamentalidade neoliberal. Coaduno com a compreensão de Safatle, Silva Junior e Duker (2020, s/p), que "nem todo sintoma nos faz sofrer, e nem toda forma de sofrimento é um sintoma. Determinar qual sofrimento é legítimo e qual não é, portanto, é uma questão não apenas clínica, mas também política".

Na sociedade neoliberal, não há espaço para expressar os sentimentos básicos tidos como negativos (raiva, tristeza, medo); apenas a felicidade é aceita e incentivada. O que destoa disso, por ser um sinal de alerta, é um possível comportamento de risco que precisa ser acompanhado, medicalizado. Como analisam Safatle, Silva Junior e Duker (2020), para além de produzir o sofrimento psíquico, o neoliberalismo o gerencia.

Compreendo que a subjetividade forjada pela governamentalidade neoliberal utiliza-se do medo para conduzir condutas. São muitos os medos que sentimos, dentre eles destaco: medo de perder o emprego, medo de não ser suficiente, medo de não estar aproveitando a vida, medo de fazer a escolha errada, medo de adoecer. O medo é um sentimento básico, necessário para a sobrevivência. Para Bauman (2008, p. 08), o medo

> [...] é o nome que damos à nossa incerteza: nossa ignorância da ameaça e do que deve ser feito - do que pode e do que não pode - para fazê-la parar ou enfrentá-la, se cessá-la estiver além do nosso alcance.

A incerteza frente ao desconhecido gera medo, que é percebido e sentido no corpo, que fica em um estado de alerta constante. O autor supracitado compreende que reagimos ao medo oscilando entre alternativas de fuga e de agressão.

O medo pode ser manifestado em forma de ansiedade. Não é por acaso que a ansiedade tem se tornado um "mal do século", e o Brasil é o pais com os maiores índices de ansiedade do mundo (Estadão Conteúdo, 2021). Mas como não sentir medo diante da nossa realidade social?

Transformações ocorridas no modo de vida e de trabalho na governamentalidade neoliberal tornam os trabalhadores vulneráveis, efêmeros e descartáveis. As consequências dessa estratégia são sentidas de modo diferente dependendo do lugar que ocupamos nas escalas de exploração. Os trabalhadores assalariados pagam pelas constantes crises com padrões salariais e de vida baixos. No Chile, por exemplo, após anos de trabalhos e investimentos no sistema previdenciário, idosos percebem que a aposentadoria é insuficiente para sanar as necessidades básicas, e a morte tem sido cada vez mais uma "opção", como podemos verificar na figura a seguir.

Figura 19

Reportagem *online*: sem previdência, Chile tem número recorde de suicídio de idosos

Fonte: Hypeness[31]

A matéria publicada em 2018 sobre suicídio de idosos no Chile aponta que a redução no valor das pensões e aposentadorias está provocando uma onda crescente de suicídios. Um estudo desenvolvido pelo Ministério da Saúde de lá, em parceria com o Instituto Nacional de Estatística (INE), demonstra que, entre 2010 e 2015, 936 pessoas com mais de 70 anos se suicidaram. Destaca que, devido a isso, o Chile tem atualmente o maior número de suicídios entre os idosos na América Latina (Hypeness, 2018).

Uma reportagem escrita por Felipe Bianchi, juntamente com Leonardo Severo, e publicada na Revista Fórum,[32] em 12 de abril de 2019, intitulada "Chile: capitalização da Previdência faz idosos morrerem trabalhando e suicídio bater recorde", aponta que o modelo de aposentadoria chileno é similar ao que a equipe econômica de Jair Bolsonaro propôs para o Brasil em 2019. Comentam que, de acordo com o Censo de 2017, um em cada cinco idosos chilenos segue trabalhando, a fim de complementar a aposentadoria, pois "80% das aposentadorias estão abaixo do salário-mínimo (301 mil pesos, ou 1.738 reais) e 44%, abaixo da linha da pobreza" (Bianchi & Severo, 2019, s/p).

---

[31] Disponível em: https://www.hypeness.com.br/2018/08/sem-previdencia-publica-chile-tem-numero-recorde-de-suicidio-de-idosos/.

[32] Disponível em: https://revistaforum.com.br/global/chile-capitalizacao-da-previdencia-faz-idosos-morrerem-trabalhando-e-suicidio-bater-recorde/.

A realidade imposta pelo modo de vida neoliberal nos convoca a olhar como funciona a realidade social a que estamos submetidos. Minayo e Cavalcante (2010 p. 48), ao realizarem uma revisão sistemática sobre suicídio e envelhecimento, observaram que a "literatura mostra que doenças e transtornos mentais estão fortemente relacionados com suicídios em pessoas idosas". Mas que lugar os idosos ocupam em nossa sociedade? Como as pessoas se sentem ao envelhecer em uma sociedade na qual a autossuficiência é constantemente incentivada e reiterada? Compreendo que as condições de envelhecimento apresentam estreita relação com a saúde mental e para seguir vivendo. Como analisa Minayo (2006, pp. 48-49)

> É absolutamente diferente envelhecer no campo ou na cidade; numa família rica ou numa família pobre; ser homem ou mulher; ter tido um emprego e se aposentar ou ter vivido apenas em atividades do lar ou informais e viver de forma diferente. Como para a população em geral, as categorias mais estruturantes da forma de envelhecer são a classe social, o gênero, a atividade social (emprego, trabalho) e a sociabilidade familiar, comunitária ou até religiosa.

Tomando o neoliberalismo "como o conjunto de discursos, práticas e dispositivos que determinam um novo modo de governo dos homens segundo o princípio universal da concorrência" (Dardot & Laval 2016 p. 17) e que "as condições socioeconômicas, culturais e ambientais, as redes sociais e comunitárias sejam determinantes dos modos de envelhecer" (Minayo, 2006 p. 49), percebemos que essa estratégia de governamentalidade conduz a uma precarização das condições de vida e do desejo de continuar vivendo dessa forma.

4.1 Morreu de Brasil

O ator Flávio Migliaccio, ator brasileiro de 85 anos, que foi encontrado morto em seu sítio na cidade de Rio Bonito (RJ), no dia 4 de maio de 2020, deixou uma "carta-testamento" (nome dado a escritos deixados antes de se suicidar), cujo conteúdo passou a circular na *web* e nas redes sociais, motivando postagens, discussões nos espaços on-line. Na carta, Flavio disse: "Me desculpem, mas não deu mais. A velhice neste país é o caos como tudo aqui. A humanidade não deu certo. Eu tive a impressão que foram 85 anos jogados fora, num país como este... e com esse tipo de gente que acabei encontrando. Cuidem das crianças de hoje!".

Figura 20
Carta de Flávio Migliaccio

Fonte: revistaforum.com.br[33]

Testamento aqui expressa a ideia daquilo que se deseja que seja feito após a morte, no qual o autor faz constar suas opiniões sobre a situação do país. Vale destacar que já estava em curso a pandemia da Covid-19, e assistíamos estarrecidos à quantidade de mortes diárias em vários países. Aqui, proliferavam discursos de negação da gravidade da pandemia, das mortes, das desigualdades sociais, para enfrentar aquilo que viria a ser um dos maiores problemas de saúde coletiva mundial, bem como tantos outros projetos de destruição da vida que estavam em implementação pelo atual governo no Brasil.

---

[33] Disponível em: https://revistaforum.com.br/cultura/ator-flavio-migliaccio-se-suicidou-e-deixou-carta-a-humanidade-nao-deu-certo/.

Ao divulgar a carta de Flávio, a *Revista Fórum* ocultou a palavra "caos". "A velhice neste país é [...] como tudo aqui[34]", o que nos leva a multiplicar perguntas: por que a palavra foi omitida, se a carta é uma forma de expressar um posicionamento, um testamento de seus desejos, a sua opinião? O que há de tão perigoso em dizer que envelhecer nesse país é um caos? As reformas trabalhistas e da previdência, aprovadas no Brasil nos últimos anos, sinalizam o quanto o nosso modo de vida está um caos, bem como se escancarou o "caos", colapso, no sistema de saúde no enfrentamento da pandemia.

Não falar do caos é uma estratégia discursiva, orientada pela OMS (2000b), com receio do efeito da propagação que a notícia pode causar naqueles que se identificam com aquele que decidiu morrer (Efeito Werther), já que qualquer um "[...] sensível às dores do mundo, já pensou, pelo menos uma vez nesta possibilidade" como postou um usuário do Instagram[35] em sua página, juntamente com o link da reportagem da *Revista Fórum* que abordava a morte do ator. E nos lembra ainda de que "como parte da humanidade, também somos responsáveis". Não há dúvidas que somos responsabilizados pelo *caos* em que vivemos. São várias as estratégias para ocultar o *caos*, não deixar aparecer, mesmo quando estamos diante de ações que denunciam o nosso modo de vida, a forma como somos governados.

Assumir a responsabilidade sobre o *caos* é, ao mesmo tempo, revoltar-se, lutar por outros modos de vida, menos excludentes, desiguais, mais justos, fraternos, dignos e menos adoecedores; um modo que potencializa a vida, que crie condições para que as pessoas possam querer viver.

Não adianta postar em redes sociais: "Falar é a melhor solução", "Escolha a vida" e continuar apoiando projetos políticos que matam, que incentivam o genocídio. Precisamos trabalhar para que o mundo seja um lugar repleto de "bons encontros", que as pessoas se sintam seguras, pertencentes à sociedade e que a vida valha a pena ser vivida.

Muitas pessoas postaram nas redes sociais comentários e marcaram o perfil do ator em suas homenagens. Tomo, para analisar, três postagens como nó que se articula com a grande rede de relações em que o suicídio está envolvido na contemporaneidade.

---

[34] Disponível em: https://revistaforum.com.br/cultura/ator-flavio-migliaccio-se-suicidou-e-deixou-carta-a-humanidade-nao-deu-certo/.

[35] No dia da morte do ator, após receber várias publicações nos grupos de WhatsApp sobre prevenção do suicídio, passei a buscar nas rede sociais (Instagram, Twitter, Facebook, YouTube) postagens sobre o acontecimento e fui salvando-as para posteriormente analisá-las. Segui esse processo de busca por aproximadamente um mês.

Figura 21

Repercussão da morte de Flávio Migliaccio no Instagram

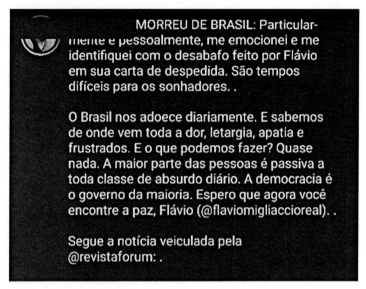

Fonte: Instagram do pesquisador

"Morreu de Brasil" em "tempos difíceis para os sonhadores". Com a ascensão do fascismo no Brasil nos últimos anos, não só para os sonhadores as coisas se tornam difíceis, mas para todos aqueles que se identificam diariamente com o sofrimento do outro, como se seu fosse. Aqueles que estão sensíveis às dores alheias se reconhecem como vulneráveis. Muitas são as pessoas violentadas no Brasil diariamente e que carregam em seus corpos as cicatrizes das violências de gênero, raça, classe social, dentre outras, e que morrem um pouco a cada dia.

Mas não se pode falar do "caos" ao qual as pessoas estão submetidas, é preciso responsabilizá-las individualmente. Por orientações da OMS (2000b), os meios de comunicação, ao noticiarem uma morte por suicídio, devem vasculhar a vida daquele que partiu, em busca das "patologias" que o "levaram" a colocar fim na vida.

Ao inscrever o suicídio como sendo consequência majoritária de adoecimento mental, neutraliza-se a potência política que esse ato deveria provocar em nós e instaura estrategicamente uma forma de condução e compreensão desse tipo de morte. Assistimos todos os dias milhares de pessoas tirando a vida ou tentando interrompê-la e seguimos como se isso não tivesse nada a ver com o nosso modo de vida. Como se disséssemos: "é só mais um que foi fraco, que não aguentou as vicissitudes da vida". Como se tudo isso não dissesse nada sobre nós. É preciso se indignar, para que possamos construir novos mundos, buscar outras formas de habitar o mundo e conduzir a vida.

Safatle, Silva Junior e Dunker (2020) analisam que a força do neoliberalismo é performativa, atua moldando nossos desejos e sentidos, bem como na produção do sofrimento. Essa força atua na recodificação de identidades, valores e modos de vida por meio dos quais os sujeitos realmente modificam a si próprios, e não apenas o que eles representam de si próprios.

Os tensionamentos sobre divulgar ou não os casos de suicídio também perpassam as redes sociais, constantemente lembrados por usuários, cuja postagem encontra-se a seguir na Figura 22, em que, além de perguntar, colocam o link da OMS para "autorizar" sua fala, em um ato de reprovação pela divulgação da morte por suicídio. "Não é uma indicação da OMS não publicar cartas suicidas?" interroga o perfil A do Instagram, abaixo da postagem sobre a morte de Flávio.

Figura 22
OMS adverte: não divulgue notícias sobre suicídio nos meios de comunicação

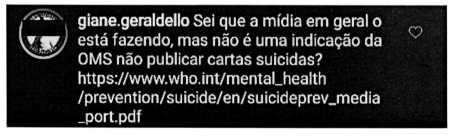

Fonte: postagem no Instagram

Postar ou fazer circular cartas-testamentos tornou-se uma prática cada vez mais comum, não apenas de pessoas famosas. Compreendo que muitas cartas-testamentos têm a finalidade de afirmar as motivações do autor, mesmo que por muitas vezes ele próprio não seja capaz de compreender que seus sofrimentos fazem parte de espectro bem maior, e acaba analisando suas possíveis razões de modo individualizado.

A compreensão que Gomide (2013) fez sobre o suicídio de Walter Benjamin, em setembro de 1940, na fronteira franco-espanhola, pode nos ajudar a ampliar a compreensão desse tipo de morte. Ele assinala que esse ato "pode ser visto como uma forma de denúncia dos entraves para uma possível felicidade sob as condições de vida desumanas regidas pelas leis do capital no século XX" (Gomide, 2013, p. 383). Observou que os últimos sete anos de vida de Walter Benjamin

> [...] constituem uma fuga sem trégua da perseguição política e também uma luta perpétua pela sobrevivência material. O ato suicida de um indivíduo como resultante de uma situação de opressão e de não liberdade, geradora de sofrimento físico e de redução do humano a um simples objeto descartável, ou a mera engrenagem do sistema, é mais comum hoje em dia do que podemos prever, mesmo (e principalmente!) em tempos de democracia neoliberal do século XXI (Gomide, 2013, p. 382).

De acordo com esse autor, atualmente, encontramos várias formas de injustiça social, como consequência do modelo econômico calcado no neoliberalismo, instalando nas pessoas a

> [...] crença de uma guerra econômica mundial, na qual os imperativos do combate, da competição e do remanejamento de grupos sociais pela ciência (assim intensificando e endossando as políticas mundiais de segregação étnica, religiosa e racial) se tornaram normas (Gomide, 2013, p. 383).

Compreendo que os debates sobre o suicídio precisam ampliar e levar em consideração a devastação psíquica que o modo de vida neoliberal tem produzido em nós. Na publicação da OPAS, por ocasião do "Setembro Amarelo" de 2021, evidencia-se como a gestão desse tipo de morte se alinha às estratégias da governamentalidade neoliberal, apontando que

> *Intervenções eficazes para prevenir o suicídio estão disponíveis.* Em um nível pessoal, a detecção precoce e o *tratamento da depressão e dos transtornos por uso de álcool* são essenciais para a prevenção ao suicídio, bem como o contato de acompanhamento com aqueles que tentaram o suicídio e o apoio psicossocial nas comunidades. *Se uma pessoa detectar sinais de suicídio em si mesma* ou em alguém que conhece, deve procurar a ajuda de um profissional de saúde o mais rápido possível. (PAHO, 2021, s/p, grifos meus).

Onde podemos encontrar ajuda se sinais de suicídio forem identificados? Que tipo de ajuda está disponível no Brasil? O que se compreende por ajuda? Faz-se necessário ampliar a compreensão desse tipo de morte, rearticular com o nosso modo de vida que mata as pessoas por dentro, para que outras estratégias de ajuda possam emergir.

O ato de interromper a vida, adotado cada vez mais por idosos, não pode ser reduzido ao suicídio, a uma condição patológica, individualizada. Nunca na história da humanidade tivemos tantos recursos tecnológicos e conhecimento científico para proporcionar qualidade de vida e longevidade. No entanto, isso não se tornou universal, acessível a todos. Essa "mercadoria" é acessível aos "bons" empreendedores, que se capitalizaram e detêm condições financeiras para consumir tudo aquilo que o mercado disponibiliza em nome da "qualidade de vida" e do "envelhecimento saudável", da "longevidade". O nosso modo de vida "coloca a corda no pescoço" do trabalhador e exige que ele seja empreendedor e produtivo; esse imperativo é uma condição para continuar vivo.

Safatle, Silva Junior e Dunker (2020, p. 12) nos chamam a atenção para a maneira como determinada cultura escolhe nomear e narrativizar o sofrimento psíquico, incluir ou excluir determinados discursos. "A maneira como interpretamos o sofrimento, atribuindo-lhe causalidade interna ou externa, imputando-lhe razões naturais ou artificiais, agregando-lhe motivos dotados ou desprovidos de sentido, muda literalmente a experiência mesma de sofrimento".

Nesse sentido, a gestão das mortes por suicídio em tempos de governamentalidade neoliberal tem sido imputada a questões individualizantes, bem como as práticas de prevenção. A morte de Flávio Migliaccio e de tantos outros idosos nos convoca o olhar as condições de envelhecimento no Brasil. Precisamos estar sensíveis a compreender o que tais mortes estão reivindicando, pois "há que se pensar que toda e qualquer morte traz à tona algo sobre a sociedade em que acontece." (Berenchtein Netto, 2013, p. 17).

4.2 O empresariamento de si

Apresento a seguir duas histórias de pessoas que interromperam a vida, reconhecidas na sociedade como empresárias, buscando tecer análises sobre a governamentalidade neoliberal e o suicídio.

Logo no início do doutorado, a Fernanda Nicaretta, uma amiga do grupo de pesquisa LECOPSU, encaminhou no meu WhatsApp uma postagem que o Vagner Magalhães havia feito no blog que administra desde 2016 sobre a morte por suicídio de uma mulher de 26 anos, empresária na região metropolitana de Porto Alegre-RS. Vagner, que também reside na região metropolitana, costuma publicar notícias da grande Porto Alegre em seu blog. Naquela ocasião, ele havia compartilhado em seu blog[36] a "carta-testamento" que a empresária postou em sua página no Facebook momentos antes de se suicidar. Segundo ele, a postagem viralizou, recebeu "25 mil compartilhamentos e 52 mil reações". Cabe assinalar que nesse blog outras postagens geram, em média, 10 a 15 comentários; por sua vez, a postagem da "carta-testamento" obteve 135 comentários. O número de visualizações dá pistas de como a temática chama a atenção das pessoas. Se no passado o "suplício" ocorria nas praças, quando um suicídio acontecia, atualmente, dá-se no ambiente virtual, nas redes sociais, onde as pessoas escrevem os vereditos, as sentenças, os diagnósticos, as condolências.

Dentre os comentários postados no blog[37] do Vagner Magalhães, por ocasião do suicídio da empresária de Canoas-RS, selecionei este a seguir, por expressar características dos preceitos do neoliberalismo, onde o sujeito é desafiado constantemente a se capitalizar, correr atrás de seus sonhos, ousar, empreender, responsabilizado e culpabilizado pelo seu fracasso.

> [Esta pessoa] *Jamais poderia sonhar em ser empresária.* Empresário tem que lidar com frustrações, problemas e ingratidão por todos os lados todos os dias. Não vou nem falar nos inadimplentes, clientes oportunistas, empregados que te roubam etc.. etc.. etc.. Estes podem não ser a maioria, mas são uma minoria suficiente para te derrubar. Empresário tem que ter inteligência financeira, psicológica, saber trabalhar sob pressão; *se ela não aguentou uma simples montagem de uma loja*, imagina administrar uma. Sinto muito por ela e pela família, mas ela *se meteu num negócio que não era para ela* e provavelmente ela estava doente psicologicamente (Postado por M. D. L., 15 de agosto de 2017, 16:04, grifos meus).

---

[36] Disponível em: http://blogdovagnermagalhaes.blogspot.com/2017/08/jovem-de-canoas-antecipa-suici-dio-no.html.

[37] Disponível em: http://blogdovagnermagalhaes.blogspot.com/2017/08/jovem-de-canoas-antecipa-suici-dio-no.html.

A postagem de M. D. L. sinaliza o suicídio como uma representação do fracasso em ousar sonhar ser empresária, atividade que requer, em sua opinião, habilidades como inteligência financeira, psicológica, saber trabalhar sob pressão. Tais características não são só cobradas de quem sonha em ter um empreendimento, mas de todos nós, uma vez que nos tornamos "empresários de nós" e responsáveis pelo nosso próprio processo de capitalização. Como afirmam Dardot e Laval (2016, p. 333), esse *neosujeito* deverá ser um "especialista em si mesmo, empregador de si mesmo, inventor de si mesmo: a racionalidade neoliberal impele o eu a agir sobre si mesmo para fortalecer-se e assim, sobreviver na competição". O empresário de si está obrigado a mudar constantemente, adaptando-se constantemente à fluidez da "sociedade líquida", como observou Zygmund Bauman (2007).

O comentário soa como um aviso: ousou empreender, mas não foi forte o suficiente e fracassou. Na razão de governo neoliberal, o fracasso econômico é também tido como sendo o seu próprio fracasso.

> Enquanto racionalidade, o neoliberalismo prescinde da coação externa – trata-se de fazer o indivíduo conduzir-se de determinada maneira como se motivado pelos seus próprios interesses. *O próprio desejo é capturado para fazer o indivíduo conduzir-se* como um ativo homólogo ao capital, de modo a aperfeiçoar-se e valorizar-se constantemente à espera de resultados ótimos. A injunção ao desempenho de indivíduos (auto) concebidos como empresa em relação com outras empresas (Estado, corporações, indivíduos) denota o caráter ilusório da liberdade constitutiva do conceito neoliberalismo (Corbanezi & Rasia, 2020 p. 296, grifos meus).

Assim como a jovem empresária, podemos encontrar outros empresários que se suicidam após "fracassarem" em seus empreendimentos, como Sadi Paulo Castiel Gitz, empresário gaúcho, que morreu após dar um tiro contra si em uma reunião no estado de Sergipe, durante um evento com o ministro de Minas e Energia, Bento Albuquerque, e com o governador sergipano, Belivaldo Chagas. Tomei conhecimento da morte desse empresário por uma reportagem que um amigo me enviou no WhatsApp e, após ler a notícia, busquei mais informações. Gitz era um dos participantes do *Simpósio de Oportunidades - Novo Cenário da Cadeia do Gás Natural*, em Aracaju, onde seriam discutidas estratégias para elevar a competitividade no setor de petróleo e gás na região.

Figura 23

Suicídio em público do empresário gaúcho

Empresário gaúcho comete suicídio em evento com ministro e governador de Sergipe

Sadi Paulo Castiel Gitz disparou contra si na manhã desta quinta-feira

Fonte: gauchazh.clicrbs[38]

Gitz era natural de Porto Alegre-RS e havia recebido título de cidadão sergipano por conta dos 30 anos de atuação industrial e por ter exercido importantes funções naquele estado: a presidência do conselho deliberativo do SEBRAE em Sergipe; atuou na Superintendência de Transporte e Trânsito (SMTT) e na Empresa Municipal de Serviços Urbanos (EMSURB). De acordo com uma reportagem da *Revista Fórum*[39], a fábrica de cerâmica em que Sadi era diretor-presidente havia entrado em processo de hibernação. A companhia havia perdido mais de 600 empregos diretos e indiretos. Um dos motivos para o processo de hibernação teria sido o preço do gás cobrado pela concessionária SERGAS – Sergipe Gás S.A, empresa do Governo do Estado de Sergipe. Devido ao incidente[40] — como nomeou a reportagem da gauchazh.clicrbs —, o governo de Sergipe emitiu uma nota no Twitter cancelando o evento, o que motivou outras postagens. O perfil um, comenta a postagem do governador dizendo que para Gitz "foi uma saída honrosa para ele [...]. Que saída restava a ele? Falido, cheio de dívidas...". O perfil dois responde que "Quanta bobagem. Restava muita saída, *só o Trump quebrou 3x. Recomeçar faz parte, mas as vezes tinham outros problemas, e não soube lidar. Suicida não pode culpar ninguém, o ato foi decisão dele somente*" (grifos meus).

---

[38] Disponível em: https://gauchazh.clicrbs.com.br/politica/noticia/2019/07/empresario-gaucho-comete-suicidio-em-evento-com-ministro-e-governador-de-sergipe-cjxos3gnq05ht01o9xqgicxsc.html.

[39] Disponível em: https://revistaforum.com.br/brasil/empresario-se-suicida-com-tiro-na-boca-em-evento-com-ministro-de-minas-e-energia-e-governador-de-sergipe/.

[40] Disponível em: https://gauchazh.clicrbs.com.br/politica/noticia/2019/07/empresario-gaucho-comete-suicidio-em-evento-com-ministro-e-governador-de-sergipe-cjxos3gnq05ht01o9xqgicxsc.html.

O que seria "quanta Bobagem" que o perfil dois se refere? Interessante destacar a comparação que faz com o Trump, dizendo que ele *"quebrou 3x"*, Trump é considerado uma das pessoas mais ricas do mundo. Como se todos pudessem ser assim como o Trump, um empreendedor bilionário. Mas o que significa um bilionário como Trump quebrar? Certamente é muito diferente de uma pessoa que trabalhou, guardou parte do salário para empreender e quebrar.

Uma postagem alinhada com as perspectivas da razão neoliberal: "recomeçar faz parte". Um jargão do empreendedorismo. Tal imperativo possibilita que o jogo neoliberal funcione, pois perder e recomeçar faz parte do jogo. Trump e o empresário brasileiro são colocados lado a lado, como se tivessem as mesmas condições para empreender. Se o Trump quebrou e se recapitalizou três vezes, Gitz também poderia ter dado a volta por cima, superado. Afinal, é isso que se espera de nós: ser "empresário de si", superação a cada dia. Chama-me atenção a falta de perspectiva crítica na postagem, ao igualar o que é inigualável.

Ele foi "fraco, covarde e egoísta" mencionou uma outra postagem, que marcou o perfil do governo de Sergipe. O caráter individualizante do ato perpassa muitos dos comentários postados, como se pode constatar na figura a seguir:

Figura 24

Foi um suicídio

> Na verdade foi um suicídio.... muita imaduridade avaliar culpados....vamos respeitar a dor da família.....muito complexo a depressão, o estresse, a ansiedade...tirar um vida não temos como avaliar os culpados.Precisamos falar sobre o suicídio que vem crescendo no nosso país, .

Fonte: Twitter do pesquisador

Compreendo que não se trata de buscar culpados. As razões que motivaram o ato foram silenciadas. A pessoa que se suicidou já não pode mais falar, mas ela faz falar. A "depressão, o estresse, a ansiedade" são apontadas no comentário acima como culpadas.

Seu ato é compreendido como sendo uma mensagem a ser decifrada. Ficam várias interrogações, dentre elas: quando Gitz morreu? Acredito que as pessoas morrem um pouco a cada dia diante desse modo em que estamos sendo conduzidos. Rejeitar as políticas impostas e lutar por "outros modos de sermos governados", outros modos de vida, é uma forma de prevenção aos suicídios.

A governamentalidade neoliberal culpabiliza, responsabiliza individualmente o depressivo, o estressado, a ansioso, por sua própria situação. Operando na produção de um modelo de subjetivação que divide de um lado os resilientes, os que se superam, adaptam-se, que (são) bem-sucedidos, e todos aqueles que fracassaram por sua própria culpa.

> Numa sociedade de sujeitos empreendedores, considerados inteiramente livres e responsáveis por seus atos, as situações de *desamparo, desemprego, insucesso*, serão *vistas* como *fracasso* pessoal. O sujeito fracassa por não ter sabido gerenciar adequadamente a própria vida, *por não ter sabido antecipar adequadamente os riscos* de seus empreendimentos ou por não ter investido suficientemente em si mesmo, *mas nunca como resultado das transformações coletivas e sociais impostas pela lógica neoliberal* que espalha a desproteção social e debilita os laços de solidariedade. (Caponi & Daré, 2020, p. 307, grifos meus).

Os sentimentos não passam imunes às malhas da subjetividade desenvolvidas pelos princípios neoliberais. Para alcançar o sucesso, o "empresário de si" precisa "garantir o autocontrole", saber expressar e lidar com as emoções. Não pode ser por acaso que já, há um bom tempo, vem se falando tanto em inteligência emocional. Como analisam Caponi e Daré (2020, p. 308, grifos meus), ao sujeito neoliberal

> Impõe-se a exigência tácita de não demonstrar raiva, rejeição, oposição, medo ou ansiedade. Ao contrário, o empresário de si deve sempre demonstrar uma positividade desbordante, um sentimento de plena e completa felicidade. Para isso os experts em inteligência emocional, os especialistas em neurogestão ou em psicologia empresarial, definem técnicas de treinamento que, ao mesmo tempo em que buscam ocultar as emoções negativas, levam a expressar um permanente estado de felicidade e bem-estar. Trata-se, fundamentalmente, de *expressar emoções positivas* perante tudo o que ocorre em nossas vidas, mesmo quando nos defrontamos com situações de desamparo e desproteção social, de precarização laboral ou de desemprego.

Para sobreviver na selva do neoliberalismo, é preciso seguir vários preceitos, como não demonstrar os sentimentos negativos; ao contrário, é preciso buscar e expressar um sentimento de plena e completa felicidade. Caso você não esteja vivendo dessa forma, "certamente" tem algo de errado, mas devido ao emprenho e empreendedorismo da indústria farmacêutica, há uma "pílula da felicidade" que irá eliminar os sintomas de tristeza, os pensamentos negativos.

Faz-se necessário analisar o neoliberalismo como espaço de produção de subjetividades, que não produz somente bens, serviços, mas um modo particular de ser sujeito, com espírito empreendedor, que obedece às regras do jogo, que desenvolva uma alta performance orientada para a competição, que assume os riscos e as responsabilidade pelos próprios êxitos e fracassos. São vários os nós que compõem a rede da governamentalidade neoliberal; nós que me levam a questionar: o que precisa morrer para nascer o sujeito neoliberal?

Berardi, coadunando com as ideias de Lazzarato (2017), evidencia de modo exemplar os mecanismos neoliberais em relação ao endividamento dos estudantes desde os anos de 1970, nos Estados Unidos, onde há a substituição de diretos sociais como a formação, a saúde, a aposentadoria, pelo acesso ao crédito, ou seja, o direito a contrair dívidas. Como analisa Hennigen (2019) a financeirização da vida, é uma forma atual da biopolítica no seio do capitalismo neoliberal.

De certo modo, aquilo que Berardi (2017) sinaliza quanto ao crescente número de suicídios vem ao encontro dos achados e discussões da pesquisa desenvolvida por Nordt, Warnke, Seifritz e Kawohl (2015), que analisam dados de mortalidade da OMS e do Fundo Monetário Internacional (FMI), visando avaliar o impacto do desemprego na prevalência do suicídio entre 2000 e 2011. Nesse período, foram registrados 233 mil casos de suicídio, e os pesquisadores estimaram que um quinto dos casos estava associado ao desemprego, ou seja, aproximadamente 45.000 pessoas se suicidaram por ano, o que pode levar a inferir os efeitos do desemprego na decisão de se suicidar, por estarem excluídas do mercado de trabalho, por não serem merecedoras do "direito" de serem exploradas.

A pesquisa e as discussões realizadas por Nordt, Warnke, Seifritz e Kawohl (2015) vem ao encontro das análises de Lazarato (2014), que propõe que o homem endividado — posição subjetiva constituída em meio ao capitalismo financeiro contemporâneo — sente-se, de imediato, culpado e responsável pelo seu destino, devendo se encarregar do fracasso econômico, social e político, fracasso despejado pelo Estado e pelo mundo dos negócios sobre a sociedade. Ou seja, o homem que foi transformado em empresário de si mesmo se vê obrigado a assumir a responsabilidade por tais fracassos como sendo sua própria, a "pagar a conta", de modo a "viabilizar" estabilidade e crescimento econômico.

Há muito tempo que o homem não é mais o homem da troca, mas o empresário de si, e suas ações cotidianas passaram a ser orientadas pelo princípio da racionalidade neoliberal, a capitalização. Essa organização social provoca a exclusão, um esgotamento da vida. De acordo com Kayser (2019, s/p), "a exclusão econômica é a mais evidente das formas com que ocorre esta secção entre pessoas úteis e adequadas ao sistema, daquelas indesejáveis, excluídas do mercado de trabalho por não serem merecedoras do "direito" de serem exploradas". Pessoas sem esperança de seguir vivendo por se sentirem excluídas, sem condições de acesso ao mercado de trabalho e sem condições de acesso à alimentação, moradia, ou seja, a uma vida digna de ser vivida.

Hennigen (2019, p. 3956) analisa que "Contrair/ter dívidas, o que (pode) implica(r) toda uma série de problemáticas, não é exclusividade de nosso tempo, contudo hoje a relação credor-devedor vem adquirindo feições talvez mais nefastas". Podendo ser o suicídio do homem endividado uma resposta a posição subjetiva em que se encontra.

> Não raro, indivíduos, quando endividados inadimplentes, ao ter o CPF registrado no SPC (Serviço de Proteção ao Crédito) tornam-se divididos, divíduos, sendo que tal "traço -condição", a despeito de quaisquer outras, passa a ser o que "importa". Apesar de vedado legalmente, na prática, muitas vezes, estar neste banco de dados funciona como uma senha que fecha portas; quem o indivíduo é, suas qualificações e trajetória profissional tornam-se irrelevantes ao buscar pleitear uma vaga: não adianta nem preencher ficha. (Hennigen, 2019, p. 3956)

Na racionalidade neoliberal, a instabilidade financeira e social é uma ameaça permanente, uma vez que a "prosperidade capitalista", como analisa Kayser (2019, s/p), "nunca foi e nem será para todos". E como estratégia para contenção das crises sociais e garantir a manutenção da ordem, instauram-se políticas de morte, que orientam e estruturam quem pode viver e quem pode morrer.

4.3 Devolvam nossa esperança

"Devolvam nossa esperança" é um grito de guerra de uma população que está sendo morta diariamente no Brasil. É um grito que, ao longo dessa trajetória de doutorado, ouvi muitas vezes. É um grito meu também. Mas foi a partir de uma matéria jornalística, escrita por Eliane Brum E Clara Glock e publicada no jornal *El Pais*, em 27 de abril de 2020, que tomei conhecimento de um movimento de jovens de Altamira-PA, que utilizou as redes sociais para amplificar o seu grito. O grito que sai do "coração do Brasil" e encontra ressonância em mim, uma vez que moro no sul deste país, mas minhas raízes estão naquela região.

Eu tinha dois anos de idade quando meus pais se mudaram do Espírito Santo para Rondônia, impulsionados pelo política de colonização do norte do país, no período do governo militar. Fui testemunha da devastação da natureza em prol do "desenvolvimento". Quando completei 18 anos, saí do norte para estudar e, ao descobrir que não tinha vocação para o sacerdócio (estudava para ser padre), tinha convicção de não querer voltar naquele momento para junto da minha família, que tinha se mudado para o estado do Amazonas, em 2002, ano em que fui para o seminário. Meus familiares moram no sul do estado do Amazonas, pertencendo ao município de Manicoré-AM, próximo à divisa com o estado do Pará.

No final do mês de abril de 2020, um amigo me encaminhou no WhatsApp um link da matéria escrita por Eliane Brum e Clara Glock publicada no jornal *El Pais*, que abordava o alto índice de suicídios na cidade de Altamira-PA. A matéria veio ao encontro de algumas discussões que eu estava ensaiando fazer para pensar as consequências das políticas de devastação do meio ambiente, pois cresci vendo a natureza ser destruída em prol do "desenvolvimento". Ali impera um discurso de que "a terra só tem valor se for produtiva", o que impulsiona o desmatamento como uma forma de capitalização das propriedades, pois, ao derrubar a mata e formar pastos, a propriedade "agrega valor". A imagem a seguir representa as paisagens que avisto quando vou visitar meus pais no Sul do Amazonas. Aos meus olhos, apenas devastação.

Imagem 4

Devastação do meio ambiente

Fonte: WWF-Brasil[41]

Minha mãe costuma dizer: quando viemos morar aqui, a gente andava pelas estradas e via mata dos dois lados, era possível caminhar na sombra das árvores. Hoje, a gente não vê mais mata nem bichos, nem passarinhos, apenas pastos e bois. Em prol do "desenvolvimento" agroindustrial, muitas vidas e formas de vida foram e seguem sendo extintas. E, nesse sentido, os escritos de Eliane Brum e Clara Glock provocaram ressonâncias em mim, fazendo-me pensar no meu percurso de vida. A matéria foi intitulada: "A cidade que mata o futuro: em 2020, Altamira enfrenta um aumento avassalador de suicídios de adolescentes", que me fez dialogar com as análises de Berardi (2015), ao apontar que para compreender o suicídio entre os jovens contemporâneos necessitamos refletir sobre o naufrágio ético, a precarização e as transformações nos modos de vida.

De acordo com a matéria (Brum & Glock, 2020), nos quatro primeiros meses de 2020, 15 pessoas haviam se suicidado em Altamira. Nove delas eram jovens com idade entre 11 e 19 anos, uma tinha 26 anos e as demais variavam de 32 a 78 anos. Para a autora, a pergunta que atravessava a população era: por quê? E por que agora? Em mim suscitou: como o projeto neoliberal da Usina de Belo Monte participa da decisão destas pessoas? Não há dúvidas de que a construção dessa usina sacrificou vários modos de vida.

---

[41] Disponível em: https://d3nehc6yl9qzo4.cloudfront.net/downloads/perfil_sul_amazonas.pdf. Acesso em: 12 dez. 2021.

Impulsionada pelo discurso neoliberal de desenvolvimento, a população de Altamira assistiu a uma transformação repentina da cidade e de seus modos de vida devido à construção da Usina Hidrelétrica de Belo Monte. Para abrir "caminhos" para o "desenvolvimento", aproximadamente 40.000 pessoas foram removidas de suas casas, na beira do rio, nas ilhas do Xingu e no centro da cidade, e lançadas em "territórios estrangeiros", nos Reassentamentos Urbanos Coletivos (RUCs), construídos nas periferias de Altamira.

Eliane Brum, em setembro de 2019, publicou uma matéria no jornal *El País* intitulada: "A notícia é esta: o Xingu vai morrer - O Ministério Público Federal adverte que a maior tragédia amazônica hoje na região de Altamira é o "ecocídio" da Volta Grande do Xingu". Na matéria, a autora destaca que:

> Na história recente da Amazônia, *a grande causadora e reprodutora de violências na região do Médio Xingu, onde está a cidade de Altamira, foi e segue sendo a Usina Hidrelétrica de Belo Monte.* Muito pouco acontece na cidade que não tenha o DNA da Norte Energia S. A., a empresa concessionária da barragem. Esse DNA está marcado na agonia da Volta Grande do Xingu, *uma região belíssima de 100 quilômetros onde vivem os povos Juruna e Arara, assim como população ribeirinha e espécies endêmicas de peixes.* É também nesta região que, nos últimos anos, outra gigante, *a mineradora canadense Belo Sun, pressiona a população local e assedia políticos de Belém para obter autorização para explorar aquela que seria a maior mina de ouro a céu aberto do Brasil* – e também o sepultamento oficial da Volta Grande embaixo de toneladas de rejeitos tóxicos. (Brum, 2019, s/p, grifos meus).

A autora aponta os interesses das grandes corporações para obter autorização para explorar as riquezas naturais do maior município em extensão territorial do Brasil. Mortes anunciadas da fauna, flora, dos ribeirinhos, dos indígenas, ou seja, de todo um ecossistema. Brum (2019, s/p) analisa que "os direitos humanos tanto dos povos indígenas, o que fere diretamente a Constituição, quanto das populações ribeirinhas foram violados sistematicamente para que a usina fosse construída". Aponta ainda que pessoas analfabetas foram pressionadas a assinarem documentos abrindo mão de tudo em troca de nada ou de indenizações que mal dariam para viver nas periferias de Altamira. E, assim, fizeram a "conversão de povos ricos da floresta em pobres urbanos da periferia da cidade" (Brum, 2019, s/p).

Antonia Melo, coordenadora do "Movimento Xingu Vivo para Sempre", em entrevista à Brum (2020, grifos meus), relata que:

> A Belo Monte fez uma propaganda de que ia chegar o desenvolvimento e tudo ia melhorar na cidade: muitos empregos, hospital, escolas. Mas o que Belo Monte trouxe para a infância e a juventude foi o crime e a proliferação de drogas. Os jovens *perderam seus espaços de lazer e suas praias*, as famílias perderam os *bicos* que faziam e a *possibilidade de pescar. Sem perspectivas* e sem políticas públicas, *tem o suicídio.*

Não há como pensar o aumento nos números de suicídios de Altamira desassociado desse acontecimento. Concordar com o discurso disseminado por Botega et al. (2009), Manoel Bertolote (2013), OMS (2000) e CFM (2015) de que em mais de 90% dos casos de suicídio caberia um diagnóstico de transtorno mental, sem olhar para todas as transformações impostas nas vidas das pessoas em nome do desenvolvimento, é, sem dúvida, ser cúmplice do "banhado de lágrimas e de sangue" que Altamira se tornou, como relatado por Antonia Melo.

Como analisam Caponi e Daré (p. 307),

> [...] certos saberes expertos como a psiquiatria e a neuropsiquiatria contribuem reforçando essa lógica, segundo a qual os contextos sociais e coletivos que provocaram o sofrimento desaparecem, fazendo com que cada padecimento seja visto como uma questão exclusivamente individual.

As condições de vida nas quais estamos submetidos podem gerar sofrimentos psíquicos profundos e motivar algumas pessoas a antecipar a morte.

Em março de 2020, foi publicado no Facebook da Record Altamira[42] uma página de notícias do Xingu e da transamazônica que, em dezembro de 2021, contava com 644.291 seguidores. O convite publicado era intitulado: "EMPRESTE UM MINUTO E CUIDE DOS NOSSOS JOVENS". O convite dizia:

> Olá! Jovens (indígenas, negros, brancos, urbanos, periféricos, dos reassentamentos...). Estamos preocupados com a ausência de políticas públicas e sociais para a nossa geração aqui em Altamira. Dizem que nós (crianças e jovens) somos o futuro, mas *para que sejamos realmente o futuro precisamos ter um presente como certeza.* Certo? *Nos faltam oportunidades*

---

[42] Disponível em: https://www.facebook.com/hashtag/emdefesadavidadasjuventudes. Acesso em: 10 dez. 2021.

> *de cultura, esporte, lazer, educação, segurança humanizada, primeiro emprego...*
>
> Ou seja, a inoperância dos governos tem como uma das consequências a *desapropriação da nossa esperança de viver...* Precisamos ter oportunidade de sonhar, precisamos ser ouvidos pelas nossas famílias, escolas, pela saúde pública, pela vara da infância e juventude, pela prefeitura e por toda sociedade.
>
> Nesse sentido, estamos convidando você, jovem, para participar da campanha virtual. Devolvam Nossa Esperança
>
> #EmDefesaDaVidaDasJuventudes
>
> A ideia é que você jovem poste uma foto com a mensagem: *"Devolvam Nossa Esperança"*
>
> #EmDefesaDaVidaDasJuventudes"
>
> E publique em suas redes sociais para que os governantes de Altamira e a sociedade nos dê o direito de voz, vez e lugar. Esse ato é um gesto de solidariedade, um chamado às autoridades da nossa cidade, para que tomem medidas emergenciais com a pauta da depressão entre nós jovens, crianças e adolescentes. Pedimos que vocês postem sua foto solidária com o símbolo de luto e com a mensagem mencionada acima às 18h do dia de hoje. (16/03/2020)
>
> +empatia
>
> -jugamentos
>
> Assinado #juventudesdeAltamira (Facebook[43], n.d., grifos meus).

Em outra página no Facebook intitulada "somos a cura da Terra[44]", criada com o objetivo de divulgar encontros e trabalhos junto com a juventude na Amazônia-Altamira, que contava com 196 seguidores na ocasião de minhas visitas, em junho de 2020, havia na postagem, a marcação das *hashtags* #DevolvamNossaEsperança; #EmdefesaDaVidaDasJuventudes; são manifestações de cunho ético-político em busca de políticas públicas para a juventude, como se pode constatar a seguir.

---

[43] Disponível em: https://www.facebook.com/hashtag/emdefesadavidadasjuventudes. Acesso em: 10 dez. 2021.

[44] Disponível em: https://www.facebook.com/pg/Somos-a-cura-da-Terra-101663341475571/posts/. Acesso em: 10 dez. 2021.

Imagem 4

Devolvam nossa esperança

Fonte: Facebook. #devolvanossaesperança

Em 31 de março de 2020, quando dois jovens se suicidaram e um terceiro foi assassinado no mesmo dia, foi publicado no Facebook uma carta aberta às autoridades assinada pela juventude de Altamira:

> Dizem que nós somos o futuro do país, mas como seremos o futuro se nós não temos um presente? Nós, juventudes do maior município do Brasil (Altamira-PA) e terceiro maior do mundo, estamos profundamente preocupados com a nossa situação face aos casos de suicídios entre nós e os casos de extermínios que acontecem em nossa cidade. Hoje foram três jovens que nos deixaram. Dois se suicidaram e o outro foi morto pela bala da Polícia Militar do Estado do Pará. (...) Cotidianamente *temos nossos direitos aviltados pela falta de ação dos nossos gestores e pela falta de empatia da sociedade. Todos os dias morremos um pouco emocionalmente, pois é difícil viver em um mundo egoísta, autoritário e sem esperança.* Por esse motivo, estamos escrevendo essa carta para solicitar das autoridades do Estado, e em especial do poder municipal, a efetivação e implementação de políticas públicas e sociais voltadas para as juventudes. (grifos meus).

As transformações desencadeadas pelas instalações da Belo Monte tem sido alvo de investigações científicas. Em 2017, Ilana Katz e Christian

Dunker, professores do Instituto de Psicologia da Universidade de São Paulo (USP), estiveram em Altamira para uma intervenção junto à população ribeirinha atingida por Belo Monte. Ilana descreve em seu Currículo Lattes que foi coordenadora "clínica do projeto de extensão 'Refugiados de Belo Monte: Atenção em Saúde Mental', um projeto de escuta, tratamento e documentação do sofrimento dos ribeirinhos pela construção da UHE Belo Monte". O projeto de extensão/intervenção durou aproximadamente 15 dias e contou com "uma equipe de 16 clínicos (de nove cidades e seis estados diferentes do Brasil), dois encarregados de logística, uma repórter, um fotógrafo e cinegrafista, além da equipe local de transporte e acomodação" (Katz & Dunker, n.d.).

Os pesquisadores compreenderam que são muitas as formas de sofrimento dos refugiados de Belo Monte. Em uma entrevista para Brum, Ilana Katz faz uma análise do que constaram em Altamira:

> Ao escutarmos os ribeirinhos atingidos por Belo Monte, essa notícia se confirmava: *recolhemos testemunhos locais de intenso sofrimento psíquico. O sofrimento*, naquele território, *produzia efeitos na saúde geral e mental*, no laço social, nos funcionamentos familiares e institucionais, no reforço da opressão de minorias e das situações humanas de extrema vulnerabilidade psicossocial. *O modo de vida ribeirinho foi inviabilizado*, e os atingidos transformados em pescadores sem rio, habitantes sem casa. O efeito da violação dos direitos civis e da desarticulação da experiência comunitária foi devastador, e *o trabalho de luto*, de alguma elaboração das perdas sofridas, *não teve nenhum amparo e não aconteceu*. Entendemos que o desenraizamento entre a experiência e sua possibilidade de ser contada, narrativizada, deu margem à emergência de sintomas, crises de angústia, e também construiu a propensão a atos impulsivos. (Brum, 2020, s/p, grifos meus).

O Psicanalista Christian Dunker também foi convidado por Brum para falar sobre o projeto de extensão e adiantar algumas conclusões e aponta pistas sobre as conexões entre o suicídio e as transformações repentinas no modo de vida ribeirinho.

> Uma hipótese preliminar poderia sugerir que certas modalidades emergentes de violência, acirramento da tensão social e suicídio, ligam-se a mutações abruptas do modo de vida de populações. Consideremos que a partilha social dos afetos, a elaboração coletiva do luto e a ação colaborativa de recons-

ESTAÇÕES DE VIDA E MORTE: RASTROS DE PREVENÇÃO AO SUICÍDIO

trução simbólica e material dependem, particularmente, para populações vulneráveis, da comunidade a que se pertence. Esse funcionamento comunitário fica muito afetado quando a família, os parentes e agregados são deslocados para áreas muito distantes, por vezes longe do rio, sem sistema de transporte que permita um cotidiano comum. Dessa forma, a reformulação da cidade tendeu a aumentar o processo de individualização das pessoas. Ainda que em novas moradias, elas desconheciam seus vizinhos e a colaboração com eles tornou-se incerta. Um estudo genérico sobre as condições de saúde em Altamira já apontava que *fatores como desemprego, inflação populacional, reformulações urbanísticas e modificações econômicas, ecológicas e sociais poderiam afetar níveis de violência e consequentemente de comportamento de risco.* Isso se verificou em outros desastres ambientais, como Brumadinho e Mariana. A partir da verificação *in loco* das condições geradas pela construção da barragem de Belo Monte, percebe-se que o impacto na saúde psicológica da população foi subestimado. Quando a causa é sistêmica, seus efeitos também são sistêmicos. É difícil dizer que a *construção da barragem* determinou este ou aquele sintoma, mas não há dúvida de que ela *aumentou o nível geral de sofrimento das pessoas.* (Brum, 2020, s/p, grifos meus).

São muitas forças e vias que atingiram a população de Altamira; tudo isso provoca efeitos na vida das pessoas. Como relata Rolnik (2018, p. 53), efeitos decorrem dos encontros que fazemos — com gente, coisas, paisagens, ideias, obras de artes, situações políticas ou outras etc. —, seja presencialmente, seja pelas tecnologias de informação e comunicação a distância ou por quaisquer outros meios. Os resultados desses encontros produzem mudanças e distintos efeitos, dentre eles, o desejo de não continuar vivendo dessa forma.

Vivemos em uma sociedade que nos mata um pouco a cada dia, onde o dito popular "A esperança é a última que morre" parece não fazer sentido, pois aqui a esperança é a primeira a morrer, não de modo radical, mas um pouco por dia. Sem esperança, a vida parece não fazer sentido, não há projetos, vontade de viver. Em certa medida, a humanidade só existe porque encontramos razões para preservar e proliferar a vida. Essa forma de neoliberalismo mata a esperança, provocando uma morte de dentro para fora.

Sabemos que o poder não é algo que se detém, mas que se exerce, como nos ensinou Michel Foucault. Onde há poder, há resistência. Falar de modo que denuncie esse modo de vida, fazer circular nas redes sociais a devastação em que a população passa são formas de resistência, de lutar por uma sociedade diferente, onde a vida possa germinar e se desenvolver. Isso muito contribui para fraturar a compreensão dominante sobre esse tipo de morte e nos ajuda a pensar estratégias de prevenção.

Nesse sentido, Suely Rolnik nos ajuda a analisar como o capital tem se apropriado da vida, das formas de existência. Sendo assim, "não basta resistir macropoliticamente para reapropriar-se da força de criação e cooperação, mas atuar micropoliticamente" (Rolnik, 2018, p. 35). A organização coletiva da juventude, ao desenvolver uma mobilização social gritando: "devolvam a nossa esperança", cria uma forma de resistir, de lutar micropoliticamente.

Resistir às transformações da "Belo Monte" é um grande desafio, pois a lógica do funcionamento neoliberal favorece os interesses dos grandes grupos coorporativos, retira das populações suas identidades, sua cultura, seus valores, dentre todos os outros aspectos que compõem a sua vida, e a reduz à vida biológica, à sobrevida.

Pelbart (2016, p. 27) compreende a sobrevida como sendo a "vida humana reduzida ao seu mínimo biológico, à sua nudez última, à vida sem forma, ao mero fato da vida, à vida nua". Para ele, a condição de sobrevivente é um efeito generalizado do biopoder contemporâneo "que não se incumbe de fazer viver, nem de fazer morrer, mas de *fazer sobreviver*. Ele cria *sobreviventes*. E produz a *sobrevida*. No contínuo biológico, ele busca isolar um último substrato de *sobrevida*" (Pelbart, 2016, p. 26).

> Nem a vida, nem a morte, mas a produção de uma sobrevida modulável e virtualmente infinita é que constitui a tarefa decisiva do biopoder em nosso tempo. Trata-se, no homem, de separar cada vez a vida orgânica da vida animal, o muçulmano da testemunha, a vida vegetativa, prolongada pelas técnicas de reanimação, da vida consciente, até um ponto limite que, como as fronteiras geopolíticas, pertence essencialmente móvel, recua segundo o progresso das tecnologias científicas ou políticas. A ambição suprema do biopoder é realizar no corpo humano a separação absoluta do vivente e do falante, do *Zoé e bios*, do não homem e do homem: a sobrevida (Pelbart, 2016, p. 26),

O autor supracitado afirma que estamos reduzidos ao "sobrevivencialismo" biológico, "mercê da gestão biopolítica, cultuando forma de vida de baixa intensidade" (Pelbart, 2016, p. 30), que compreendo como sendo uma estratégia de gestão da governamentalidade neoliberal do suicídio, não deixando margens para que os modos de vida e as angústias dos sofrimentos sociais sejam questionados. Ou seja, "patologiza-se" o sofrimento de modo individualizante, sem olhar para todos os contextos que produzem o sofrimento e o desejo de morrer. E para suportar as pressões impostas pelo regime neoliberal, recorremos

> [...] aos remédios de tarja preta, às igrejas, às ideologias, aos estimuladores de autoestima e aos complexos discursos intelectuais; tais mercadorias são usadas como perfumes para disfarçar o odor infecto de uma vida estagnada (Rolnik, 2018, p. 75).

Nesse sentido, para pensar estratégias de prevenção ao suicídio, é necessário tomar a vida, os modos de vida, na tentativa de liberá-los, resistir criando potência de vida.

Concordo com Rolnik (2018, pp. 88-89) que não basta tomar para si a responsabilidade como cidadão e lutar por apenas distribuição mais justa dos bens materiais e imateriais, como direitos civis e, para além deles, do próprio direito de existir. É preciso tomar para si a responsabilidade como ser vivo e lutar pela reapropriação das potências de criação, cooperação, construção do comum que dela depende. Não basta um combate pelo poder macropolítico e contra aquele que o detém; há que se levar igualmente um combate pela potência afirmativa de uma micropolítica ativa, a ser investida em cada uma das nossas ações cotidianas.

Mas, como nos ensina Foucault, o exercício da liberdade está na possibilidade de pensar e reagir, de ser diferente. Em suas palavras,

> [...] só é possível haver relações de poder quando os sujeitos forem livres. Se um dos dois estiver completamente à disposição do outro e se tornar sua coisa, um objeto sobre o qual ele possa exercer uma violência infinita e ilimitada, não haverá relações de poder. Portanto, para que se exerça uma relação de poder é preciso que haja sempre, dos dois lados, pelo menos uma certa forma de liberdade. Mesmo quando a relação de poder é completamente desequilibrada, quando verdadeiramente se pode dizer que um tem todo poder sobre o outro, *um poder só pode se exercer sobre o outro à medida que ainda reste a esse último a possibilidade de se matar, de pular pela janela ou de matar o outro. Isso significa que, nas relações de poder, há necessariamente possibilidade de resistência*, pois se não houvesse possibilidade de resistência – de resistência violenta, de fuga, de subterfúgios, de estratégias que invertam

> a situação, não haveria de forma alguma relações de poder. [...] Se há relações de poder em todo o campo social, é porque há liberdade por todo lado. (Foucault, 2017, p. 270).

Foucault sinaliza que sempre há uma "janela para a liberdade". É preciso criar outros sentidos. Na sociedade ocidental, o ato de interromper a vida segue a tradição pecaminosa, individualizante. Penso que esse ato nos convoca a olhar além. Tomo aqui a morte de Mohamed Bouazizi[45], que ateou fogo ao próprio corpo após ser proibido pela polícia de vender suas mercadorias, em dezembro de 2010, na Tunísia, que pode ser considerada a chama que incendiou o que ficou conhecido como a "Primavera Árabe". Nome que faz alusão à "Primavera de Praga", de 1968, e à "Primavera dos Povos", série de revoluções na Europa central e oriental ocorrida em 1848 (Visentini, 2012).

Com a morte de Mohamed Bouazizi, os demais moradores da pequena cidade de Sidi Bouzid, situada a 265 km ao sul da capital Tunis, foram protestar, pois milhões de pessoas daquela região sofriam da mesma dor de Mohamed ou estavam sensíveis a ela. O suicídio de Mohamed pode ser considerado a chama que acendeu vários protestos, confrontos, mortes e a queda do ditador tunisiano Zinedine el-Abidine Ben Ali, que já estava há 23 anos no poder.

A morte de Mohamed Bouazizi é um acontecimento político que marca a nossa história. Penso que precisamos também entender o suicídio enquanto uma denúncia das práticas de sofrimento, como foi o caso da "Primavera Árabe". Como postado por um usuário do Instagram, fazendo referência à morte de Flávio Migliaccio: "É preciso ter compreensão das dores do outro. Mas tenho também medo de que isso se torne algo comum nos dias que ainda virão."

O medo também habita em mim, pelos que curtiram e/ou deixam comentários em suas postagens. A governamentalidade neoliberal, da escassez e desmantelamento das políticas públicas e de bem-estar social, da responsabilização única e exclusiva dos indivíduos pelos seus sucessos ou fracassos, pode levar à gestação do desejo de morte. O modo de vida neoliberal favorece o processo de individualização, fazendo o sujeito se sentir só, desamparado, responsabilizado pelas suas dores.

O suicídio é um tipo de morte que está sempre no campo das possibilidades humanas. Mas cabe pensar nas formas como a vida é morta

---

[45] Disponível em: https://www.bbc.com/portuguese/noticias/2011/12/111217_bouazizi_primavera_arabe_bg.

por dentro nos dias atuais. Berardi (2017) analisa o crescente fenômeno de suicídios em nível mundial e os relaciona aos crimes em massa no final dos anos 1990 e no atentado do *Bataclan*, em Paris, em 2015. E aponta que

> [...] a financeirização é essencialmente o suicídio da humanidade. Em todos os níveis: a devastação do meio ambiente, a *devastação psíquica*, o empobrecimento, a privatização, provocam medo do futuro e depressão. Basicamente, a acumulação financeira alimenta-se por meio da destruição daquilo que foi a produção industrial no passado. Como pode o capital investido ser incrementado nos tempos do capitalismo financeiro? Somente através da destruição de alguma coisa. Destruindo a escola você incrementa o capital financeiro. Destruindo um hospital, incrementa-se o capital financeiro. Destruindo a Grécia, incrementa-se o capital do Deutsche Bank. É um suicídio, não no sentido metafórico, mas no material. (Berardi, 2017, s/p).

Para Berardi (2017), a impotência política que o capitalismo financeiro produz, a impotência social e a precariedade impulsionam jovens desesperados a atuarem em uma forma que parece, em seu ponto de vista, ser o único jeito de obter algo: matando pessoas casualmente e matando a si mesmos. "Trata-se da única ação eficaz, porque matando obtemos vingança, e matando obtemos a libertação do inferno que o capitalismo financeiro tem produzido" (Berardi, 2017, s/p,). Ele relata que em junho de 2016,

> [...] um jovem palestino chamado Mohammed Nasser Tarayah, de 17 anos, matou uma menina judia de 13 anos com uma faca e, posteriormente, foi assassinado de maneira previsível por um soldado israelense. Antes de sair de sua casa para ir matar — e se matar — escreveu em seu Facebook: 'A morte é um direito, e eu reivindico esse direito'. São palavras horríveis, porém, muito significativas. Significam que a *morte lhe parecia a única forma de se libertar do inferno da violência* israelense e da humilhação de sua condição de oprimido (Berardi, 2017, s/p, grifos meus).

Pessoas decidem interromper a vida pelos mais variados motivos, alguns para se livrar da violência cotidiana a que estão submetidos, outros para acabar com os sofrimentos desencadeados pela devastação psíquica que o modo de vida impôs, outros ainda como forma de resistir, de denúncia. Há aqueles ainda que se suicidam em vida, matando quem se é, para ser aceito na família, na sociedade, no mercado de trabalho.

O que nos acalenta é saber que podemos resistir, mas nos desesperamos quando não sabemos aonde vai se formar a resistência. Ouvir o clamor daqueles que denunciaram a devastação de seus modos de vida, dos que tiraram a própria vida, dos que gritam "#DevolvamNossaEsperança" é uma forma de resistência. É uma forma de liberar a vida desse cativeiro construído pelo sistema neoliberal, que utiliza do esgotamento das formas de vida para se alimentar e prosperar.

4.4 Morri por dentro

O suicídio é um tipo de morte que é gestada, envolve um planejamento e uma atitude que o leve a tal desfecho. Nesse sentido, podemos considerar que é uma morte que vem de dentro. Primeiramente, morre o desejo de continuar vivendo dessa forma, para depois ocorrer a morte biológica.

Resgato aqui uma frase do filme Coringa, de Todd Phillips, que tomei nota em meu diário de campo, quando assisti ao filme pela primeira vez, para pensar sobre a morte voluntária e a precarização das condições de vida. No filme, Arthur Flecké, o protagonista, interpretado por Joaquin Phoenix, retrata um mundo fictício ao qual somos levados a associar nossa realidade cotidiana. Ele nos lembra constantemente que, em certa medida, "somos todos coringas", seja pelas condições de trabalho precário, pelas relações de trabalho perversa, pela falta de acesso e assistência à saúde, dentre outros pontos abordados na trama. Arthur faz questionamentos existenciais, sociais, sobre nosso modo de vida.

Em um pequeno diálogo de Arthur e a doutora do Hospital Arkham, ela pergunta: "O que é tão engraçado?" Arthur responde: *"Estava pensando em uma piada."* "Você quer contar ela pra mim?", interroga ela, e então ele responde: *"Você não entenderia"*. Assim como a doutora, muitas vezes somos incapazes de entender, seja a piada, a dor, o sofrimento, os afetos que subjetivam e produzem esse outro que está diante de nós. Somos constantemente dessensibilizados para não deixar ser afetados pelas dores alheias, já que o outro é concorrente, alguém a ser abatido, vencido. No neoliberalismo, não temos o outro a quem recorrer, apenas nós mesmos e a nossa disposição em vencer lutas que parecem não nos fazer sentido. Pois a vida passa a não fazer sentido, como disse Arthur: "só espero que minha morte faça mais sentido que minha vida".

Não seria o suicídio uma afirmação da existência, a negação de um modo de vida? Arthur afirma que *"durante toda minha vida, eu nem sabia se eu realmente existia. Mas eu existo. E as pessoas estão começando a perceber"*. A existência de Arthur é percebida quando provoca uma revolução em sua cidade. Sua atitude, além de levar os outros a percebê-lo, também gera sua própria percepção. Quando ele provoca uma revolta na cidade, ele confirma sua existência, para os outros e para si mesmo.

Como apresentado ao longo deste capítulo, atualmente encontramos várias formas de injustiça e violência, desencadeadas pelas consequências da forma neoliberal de governar, em que a constante concorrência, o descaso com certos modos de vida e determinados grupos, os imperativos econômicos, as constantes competições, as rejeições às diferenças (étnica, racial, religiosa, de gênero) se tornaram normas. Diante disso, é preciso tomar o suicídio como uma expressão dos modos de vida, compreendê-lo dentro do contexto em que o sujeito se encontrava sobrevivendo.

As políticas de prevenção ao suicídio, bem como boa parte da literatura científica, insiste em individualizar esse ato, em responsabilizar a "vítima". Trazer os imperativos neoliberais para essa análise contribui para se chegar à conclusão de que é preciso (re)pensar o que se tem tomado e articulado como prevenção ao suicídio.

São várias as circunstâncias que atravessam os corpos, esgotando a vontade de viver daqueles que não são capazes de se encaixar dentro das normativas manipuladoras e prescritivas de nossa época. De um modo brutal, o poder assume estratégias de governamentalidade que desidratam a vida, levando-a a um esgotamento, a uma despotencialização.

Como aponta Pelbart (2008, p. 01), na contemporaneidade, "o poder 'tomou de assalto' a vida. Isto é, o poder penetrou todas as esferas da existência, e as mobilizou inteiramente, pondo-as para trabalhar". Logo, para analisar os crescentes índices de suicídio da atualidade, faz-se necessário trazer para esse campo as formas de poder, de governo, pois o ato de interromper a vida hoje, tomado como suicídio, já foi visto como um ato de extrema liberdade, de coragem, de denúncia de um modo de vida.

As práticas de prevenção ao suicídio não trazem, necessariamente, consigo nenhum compromisso ético com a potencialização da vida. Prevenir o suicídio está diretamente a serviço da manutenção da sobrevida, da governamentalidade neoliberal. Por isso, prevenir o suicídio é insuficiente — é preciso ir além, é preciso afirmar a vida, mesmo na morte, como (talvez, quem sabe) no caso da "Primavera Árabe", quando a morte multiplicou as lutas pela vida, "desencadeando" uma revolução. Precisamos lutar para libertar a vida do cativeiro em que a "governamentalidade" neoliberal a colocou.

5

(DES)COMPASSOS DA PREVENÇÃO AO SUICÍDIO NO BRASIL

Busco, neste capítulo, analisar os embates dos saberes/poderes no campo da prevenção ao suicídio no Brasil, tecendo considerações e análises sobre as estratégias adotadas para prevenção e/ou intervenção diante de comportamentos suicidas. Os percursos percorridos levaram-me à estação dos (des)compassos da Prevenção ao suicídio no Brasil. A estação pode ser um ponto de chegada ou de partida.

No vaivém das estações que passei, como apresentado anteriormente, avistei muitas batalhas em nome da prevenção do suicídio. Em Microfísica do Poder, Michel Foucault aponta que cada sociedade tem seus regimes de verdade, e estes, ao mesmo tempo em que produzem relações de poder, também são produzidos por elas. Para Michel Foucault, a verdade não existe fora de relações de poder/saber.

> O importante, creio, é que a verdade não existe fora do poder ou sem poder. A verdade é deste mundo; ela é produzida nele, graças a múltiplas coerções e nele produz efeitos regulamentados de poder. Cada sociedade tem seu regime de verdade, sua "política geral" de verdade: isto é, *os tipos de discurso que ela acolhe e faz funcionar como verdadeiros*; os mecanismos e as instâncias que permitem distinguir os enunciados verdadeiros dos falsos, a maneira como se sanciona uns e outros; as técnicas e os procedimentos que são valorizados para a obtenção da verdade; o estatuto daqueles que tem o encargo de dizer o que funciona como verdadeiro. (Foucault, 2015, p. 12, grifos meus).

No capitulo 4, intitulado "A construção histórica sobre o suicídio", analisei como esse tipo de morte foi compreendido em alguns contextos e como dispositivos de saber/poder operaram para controlar esse tipo de morte. Se ao longo da Idade Média isso era dado majoritariamente pelo saber religioso, o século XVI concebe o conceito de suicídio e, paulatinamente, o saber-médico desenvolve estratégias de intervir para que esse tipo de morte, tão recorrente na história da humanidade, não ocorra.

Na prevenção ao suicídio, a verdade colocada em circulação e que orienta as ações é que esse ato é decorrente de adoecimento mental, sustentado pelo saber médico psiquiátrico. Candiotto (2007, p. 204) mostra que "a verdade é indissociável da singularidade do acontecimento. Aquilo qualificado de verdadeiro não habita num já-aí; antes, é produzido como acontecimento num espaço e num tempo específicos".

A compreensão que o autor tem a partir de Foucault nos ajuda a tensionar a compreensão de prevenção ao suicídio, pois, como apresentado anteriormente, no Capítulo IV, nem sempre o ato de interromper a vida foi narrado como sendo consequência de uma doença mental e passível de prevenção. Foi necessário conceber esse tipo de morte como sendo consequência de um adoecimento mental, para desenvolver mecanismos de intervenção e "prevenção". Vale pontuar que as políticas públicas de prevenção são recentes; no Brasil, surgiram no início do século XXI.

Nesta estação, da prevenção do suicídio, observei muitas pessoas se movimentando em várias direções. Não acredito que a direção que a maioria das pessoas toma seja a que eu deva tomar. Sem saber para onde ir, parei para observar, analisar os fluxos, as direções em que eu caminhei e que pessoas estavam caminhando. Busquei olhar para as "verdades", os saberes/poderes que orientavam as ações de prevenção ao suicídio.

Foi, então, a partir de 2017 que a temática do suicídio ganhou visibilidade em vários espaços, dentre eles, em algumas universidades. Em agosto de 2018, foi promovido, pelo Núcleo de Estudos de População (NEPO) "Elza Berquá", da Unicamp, em parceria com o Centro Brasileiro de Análises e Planejamento (CEBRAP), um debate sobre suicídios, que fez parte da programação dos Fóruns Permanentes da Diretoria de Cultura (Dcult) da Pró-Reitoria de Extensão e Cultura (PROEC). O evento foi intitulado: "Suicídio – Des/compassos da vida: números, atos e demandas" (Villen, 2018). De acordo com a psicanalista e pesquisadora do Nepo, Margareth Arilha, o suicídio passou a ser debatido intensamente a partir de 2017:

> Especialmente por suas dimensões crescentes e impactantes, aparece como uma questão urgente e evidencia sua complexidade ao se apresentar em todos os grupos populacionais, de várias idades, sexo/gênero, com distintas práticas afetivas e sexuais, distintas formas de inserção em sistemas educacionais e produtivos, pertencentes a variadas etnias e vivendo em distintos países do mundo (Villen, 2018, s/p).

ESTAÇÕES DE VIDA E MORTE: RASTROS DE PREVENÇÃO AO SUICÍDIO

O que me chamou a atenção nesse evento organizado na UNICAMP foi o número de participantes. O tema do fórum levou mais de 900 pessoas ao auditório e mais de 700 pessoas ficaram na lista de espera, dentre elas, eu. Algo semelhante aconteceu em um evento do Setembro Amarelo, organizado na USP, em 2019. Cheguei ao evento com duas horas de antecedência e já havia uma fila enorme. Muitas pessoas tiveram que assistir pela transmissão que foi feita em um outro auditório. Naquela época, não era tão comum fazer eventos on-line, como passou a ser com a pandemia da Covid-19. A procura pelos eventos aponta o quanto as pessoas estão sedentas para compreender o que está acontecendo em nossos tempos, em que tantas pessoas estão buscando cessar a vida.

Margareth Arilha lembrou no evento que uma das fundadoras do NEPO, Elaza Berquó, vinha falando há mais de um ano que "precisamos entender o que está acontecendo com essa civilização, com a nossa humanidade. Por que o suicídio tomou essa proporção no mundo contemporâneo?" (Villen, 2018, s/p). No mês anterior ao evento, Arilha escreve uma matéria, publicada no jornal *Jundiaí*, em que afirma que o suicídio

> [...] tem desafiado estudiosos, operadores de políticas públicas, especialmente dos setores de educação e saúde, famílias e comunidades, inclusive a de estudantes universitários, devendo ser olhado com a delicadeza que requer. *O cenário exige que se busque compreender suas características nos distintos espaços e culturas sociais. O fenômeno pode ser compreendido como um sintoma social* que evidencia um sofrimento a que se deve interrogar: *quem são os sujeitos que insistem e desistem, em gestos e atos, expressões de nossa contemporaneidade?* Já em 1897, Durkheim alertava para a natureza social de um fenômeno até então considerado fruto da psicopatologia, da loucura. Freud e os psicanalistas que o seguiram, inclusive Lacan, vão falar da natureza de um ato que estaria traduzindo o impossível do desejo e, como tal, a única condição de vida possível. *Que sociedade é essa que estamos criando, que deixa como único ponto de saída, para alguns, o encontro com o alívio através da morte?* Por que não estamos conseguindo desenhar estrelas na areia de nossos mares e nas terras de nossas vidas? Por que tais sujeitos querem desistir de existir? Só saberemos se nos mantivermos, ainda mais, lado a lado. (Arilha, 2018, s/p, grifos meus).

Arilha nos lembra da necessidade de olhar os distintos cenários, espaços culturais sociais, que estamos criando, onde o suicídio passa a ser uma saída, o que compreendo também como sendo uma denúncia de um modo de vida. Para além da delicadeza que a autora supracitada nos lembra, pude observar, nos encontros proporcionados pela minha trajetória, embates de saber/poder no campo da prevenção ao suicídio. Esse é um campo permeado de embates, disputas, tensionamentos; uma batalha acirrada na produção de verdades sobre o suicídio, que vai orientar as estratégias de prevenção a esse tipo de morte.

Fiquei a olhar o vaivém das pessoas na estação, mesmo precisando seguir meu percurso. Decidi ficar na estação por mais um tempo e olhar a bagagem que eu estava carregando, as transformações que o meu corpo tinha experimentado, para as imagens e paisagens que tinha avistado ao longo de minha trajetória. Lembrei-me de um jovem entusiasmado com a prevenção do suicídio, que viajou por várias regiões do país, custeando a maioria de seus gastos para falar sobre prevenção ao suicídio, que confeccionou lacinhos amarelos para distribuir em ações de prevenção a tal ato, que segurou cartazes nos semáforos dizendo que "falar é a melhor solução", que publicou em suas redes sociais: "se precisar, procure ajuda". Então ali, naquela estação, passei a analisar os (des)(com)passos do desenvolvimento da política pública de prevenção ao suicídio no Brasil. Eu me encontrava em uma posição desconfortável, depois de uma longa jornada. O desconforto me levou a querer mudar a forma como estava atuando na prevenção do suicídio. Solicitei afastamento do CVV, mudei a forma de abordar a temática em palestras, salas de aula, conversas com pessoas ao meu redor. Então, passei a apontar as incongruências do que estava sendo tomado como prevenção ao suicídio.

A OMS (2000a) inscreve, no final do século XX, o suicídio como sendo um problema de saúde pública mundial e conclama os países membros para desenvolver ações no âmbito da prevenção. O crescimento do número de casos registrados tem sido foco cada vez mais de discussão no âmbito da prevenção e da biopolítica.

Os conceitos de promoção e prevenção são importantes marcadores no campo da saúde. A sanitarista Henry Sigerist elaborou, no início do século XX, o que foi chamado de quatro funções da Medicina: promoção da saúde, prevenção das doenças, tratamentos dos doentes e reabilitação. Segundo a sua concepção, a promoção da saúde envolveria ações de educação em saúde e ações estruturais do Estado para melhorar as condições de vida da população (Demarz & Aquilante, 2008). Como afirma Czeresnia (2003, p. 04), "a base do discurso preventivo é o conhecimento epidemiológico moderno".

Prevenir no campo da saúde significa "vir antes ou preceder", ou seja, a prevenção exige uma ação antecipada, a fim de evitar o desenvolvimento de uma doença. No Brasil, a organização dos sistemas de saúde foi inspirada na proposta de Leavell e Clark (1965), que propuseram o modelo da história natural da doença, composto por três níveis de prevenção (primária, secundária e terciária).

Na prevenção primária, busca-se realizar ações para remover as causas e os fatores de risco de um problema de saúde individual ou populacional, para que não venha desenvolver uma condição clínica. Na prevenção secundária, busca-se realizar o diagnóstico precoce, ou seja, identificar um problema de saúde em estágio inicial, no indivíduo ou na população, facilitando o diagnóstico definitivo, o tratamento e reduzindo ou prevenindo sua disseminação e os efeitos de longo prazo. A prevenção terciária consiste no cuidado com um indivíduo ou população com sequelas de doenças ou acidentes, visando a recuperação ou a manutenção em equilíbrio funcional (Brasil, 2010).

Bertolote (2012), um dos pioneiros nos estudos sobre a prevenção ao suicídio no Brasil, afirma que, no âmbito da saúde, a prevenção diz respeito à adoção de medidas que busquem interceptar a causa de uma doença antes que ela atinja um indivíduo, evitando, portanto, sua ocorrência.

Alexandrina Meleiro, que é médica psiquiatra, vice-presidente da Associação Brasileira de Estudos e Pesquisas em Suicídio (ABEPS), argumenta que o suicídio envolve "fatores neurobiológicos, genéticos, psicológicos, sociais, culturais, religiosos, filosóficos, ambientais, epidemiológicos e individuais tanto intrapsíquicos quanto interpessoais" (Meleiro, 2021, p. 10). A autora nos lembra de que o "suicídio é um fenômeno multifacetado, uma vez que sua estrutura ultrapassa os limites de um único campo do conhecimento".

Compreendo o ato de interromper a vida como sendo complexo, multifacetado, multifatorial, que vem sendo estudado a partir de diversos campos do saber/poder. Mas, majoritariamente, a compreensão adotada no âmbito das políticas públicas é o saber médico-psiquiátrico, que muitas vezes não leva em consideração que esse tipo de morte também é um sintoma social e que deveria ser olhado cuidadosamente, trazendo para análise como determinados modos de vida geram sofrimentos, para que se possa promover saúde e bem-estar na sociedade.

O suicídio foi inscrito como sendo um tipo de morte evitável, pois, a partir do saber/poder médico psiquiátrico, foi associado majoritariamente como sendo consequência de adoecimento mental. Sabemos que diversas pessoas têm transtornos mentais, mas não pensam em terminar a própria vida. No entanto, "*a doença aumenta a vulnerabilidade* e está presente em quase todos os casos de suicídio. *Transtorno mental é condição necessária,* mas não suficiente para o comportamento suicida" (Meleiro, 2021, p. 10, grifos meus).

Reconheço que muitas pessoas que se suicidaram, que planejam ou tentam interromper a vida estão adoecidas, o que me levou a refletir e interrogar sobre o nosso modo de vida, sobre a sociedade que construímos. A depressão, por exemplo, é considerada a doença do século, "um transtorno comum em todo o mundo: estima-se que mais de 300 milhões de pessoas sofram com ele". A depressão pode causar um grande sofrimento nas pessoas e pode levar ao suicídio (OPAS, 2021, s/p), o que me leva a concluir que o nosso modo de vida contemporâneo é adoecedor.

Botega (2015, p. 24) aponta que é no final da década de 1960 que a ONU define o comportamento suicida como sendo "um fenômeno multifatorial, multideterminado e transacional que se desenvolve por trajetórias complexas, porém identificáveis". Se é identificável, logo, é passível de prevenção. O autor supracitado afirma que na década de 1990 o suicídio passou a ser considerado "um problema a ser enfrentado *também* na área da saúde pública". Como apresentado anteriormente, a prevenção do suicídio foi iniciada e gerida por organizações não governamentais, sob inspirações religiosa e filantrópica. A partir de então, passa a fazer parte da agenda da saúde pública. No Brasil, o CVV vem trabalhando no âmbito da prevenção ao suicídio desde o início da década de 60.

Botega et al. (2006, p. 218) afirma que "no Brasil, até há pouco tempo, o suicídio não era visto como um problema de saúde pública". Foi em 2005 que os primeiros passos foram dados no sentido de lançar um plano nacional de prevenção ao ato de tirar a própria vida. A política de prevenção ao suicídio no Brasil emerge associando o ato de interromper a vida, como sendo consequência de adoecimento mental, como apontam Botega (2007) e Meleiro (2021), a partir de uma revisão sistemática de 31 artigos científicos publicados entre 1959 e 2001, englobando 15.629 suicídios na população geral, na qual foi constatado que em 97% dos casos caberia um diagnóstico de transtorno mental na ocasião da morte por suicídio.

Meleiro (2021, p. 10) analisa que "este estudo registrou um elo consistente entre os dois grupos de fenômenos: comportamento suicida e doença mental" e adverte que "não se trata de afirmar que todo suicídio se relaciona a uma doença mental, nem que toda pessoa com transtorno mental irá se suicidar". No entanto, atualmente, sempre que um suicídio acontece, ele é compreendido como sendo consequência de adoecimento mental, mesmo que a família ou as pessoas próximas não tenham percebido sinais ou sintomas de alguma doença. Para os "sobreviventes", é mais fácil aceitar a morte, compreendendo-a como sendo consequência de doenças. Já está introjetado nas pessoas que o suicídio é consequência de transtorno mental.

Em 2011, o CFP publicou uma "carta sobre medicalização da vida", na qual aponta que a expressão "medicalização" foi cunhada nos anos 1970 e desenvolvida por Ivan Illich, em seu livro *A expropriação da saúde: nêmesis da medicina*. Illich alertou sobre a apropriação do poder médico sobre a vida. Para ele, "o poder médico minava as possibilidades das pessoas de lidarem com os sofrimentos e perdas decorrentes da própria vida, transformando as dores da vida em doenças" (CFP, 2011, p. 17). O CFP (2011, p. 17) aponta que

> [...] problemas de diferentes ordens são apresentados como "doenças", "transtornos", "distúrbios" que escamoteiam as grandes questões políticas, sociais, culturais, afetivas que afligem a vida das pessoas. Questões coletivas são tomadas como individuais; problemas sociais e políticos são tornados biológicos.

> Nesse processo, que gera sofrimento psíquico, a pessoa e sua família são responsabilizadas pelos problemas. Tratar questões sociais como sendo biológicas iguala o mundo da vida ao mundo da natureza. Isentam-se de responsabilidades todas as instâncias de poder, em cujas entranhas são gerados e perpetuados tais problemas. Tudo se passa como se as pessoas é que tivessem "problemas", fossem "disfuncionais", "não se adaptassem", fossem "doentes", sendo, até mesmo, judicializadas.

Flávia Andrade Almeida, em seu livro *Suicídio e a medicalização da vida – reflexões a partir de Foucault,* afirma que sob o "domínio da biopolítica a vida foi medicalizada" (Almeida, 2021, p. 85). Aponta ainda que os mais variados comportamentos foram deslocados para o campo de intervenção médica. Nessa esteira, compreendo que muitas vezes a intervenção médica sobre o comportamento é uma estratégia biopolítica, visando anestesiar as dores do sujeito, para que ele suporte as condições de vida em que se encontra.

5.1 A prevenção do suicídio no Brasil no âmbito das políticas públicas

Foi em dezembro de 2005 que o Ministério da Saúde publicou a Portaria 2.542, na qual instituiu a formação de um grupo para trabalhar na elaboração de uma Estratégia Nacional de Prevenção ao Suicídio e contou com a participação de representantes do CVV. O grupo de trabalho estabelecido na portaria foi formado por representantes do governo, de entidades da sociedade civil e por universidades, assim relacionado:

> I – três representantes da Secretaria de Atenção à Saúde (SAS/MS);
>
> II – um representante da Secretaria de Gestão do Trabalho e da Educação na Saúde (SEGETS/MS);
>
> III – um representante da Secretaria de Vigilância na Saúde (SVS/MS);
>
> IV – um representante da Agência Nacional de Vigilância Sanitária (ANVISA);
>
> V – um representante do Programa SUPRE-OMS;
>
> VI – um representante da Universidade de Brasília (UnB);
>
> VII – um representante do Núcleo de Estudos de Saúde Coletiva, da Universidade Federal do Rio de Janeiro (NESC/UFRJ);
>
> VIII – um representante da Pontifícia Universidade Católica, do Rio Grande do Sul (PUC-RS);
>
> IX – um representante do Núcleo de Epidemiologia do Instituto Phillipe Pinel, do Rio de Janeiro;
>
> X – um representante do Centro de Valorização da Vida (CVV).

O texto da Portaria 2.542 é pautado nas informações divulgadas pela OMS em 1999, quando lançou o SUPRE, uma iniciativa em nível mundial para a prevenção do suicídio (OMS, 2000). Esse texto reconheceu o suicídio como um problema de saúde pública, passível de ser superado por meio de ações de promoção e prevenção de saúde. De acordo com Czeresnia (2003, p. 01, grifos meus), a promoção da saúde é um

> [...] *dos elementos do nível primário* de atenção em medicina preventiva. Este conceito foi retomado e ganhou mais ênfase

ESTAÇÕES DE VIDA E MORTE: RASTROS DE PREVENÇÃO AO SUICÍDIO

recentemente, especialmente no Canadá, EUA e países da Europa ocidental. A revalorização da promoção da saúde resgata, com um novo discurso, o pensamento médico social do século XIX expresso na obra de autores como Virchow, Villermée, Chadwick e outros, afirmando as *relações entre saúde e condições de vida.*

A relação entre saúde e condições de vida também pode ser observada na "Carta de Otawa", fruto da Conferência Internacional sobre a Promoção da Saúde realizada em Otawa (Canadá), em 1986, sob os auspícios da OMS, que, a partir de sua publicação, passou a orientar a construção de políticas públicas em vários países. "Promoção da saúde é o nome dado ao processo de capacitação da comunidade para atuar na *melhoria de sua qualidade de vida e saúde,* incluindo uma maior participação no controle deste processo" (Ottawa, 1986, grifos meus).

Nesse sentido, compreendo que a prevenção do suicídio deva levar em consideração a promoção da saúde. Mas vale destacar que essa configuração de saúde apresentada em 1986 no Canadá "ocorreu no contexto de sociedades capitalistas neoliberais" (Czeresnia, 2003, p. 01), visto que para "atingir um estado de completo bem-estar físico, mental e social os indivíduos e grupos devem saber identificar aspirações, satisfazer necessidades e modificar favoravelmente o meio ambiente" (Ottawa, 1986 s/p). Czeresnia (2003, p. 01, grifos meus) aponta que

> Um dos eixos básicos do discurso da promoção da saúde é *fortalecer a ideia de autonomia dos sujeitos e dos grupos sociais.* Uma questão que se apresenta é qual concepção de autonomia é efetivamente proposta e construída. A análise de alguns autores evidencia como a configuração dos conhecimentos e das práticas, nestas sociedades, estariam construindo representações científicas e culturais, conformando os sujeitos para exercerem uma autonomia regulada, estimulando a livre escolha segundo uma lógica de mercado. *A perspectiva conservadora da promoção da saúde reforça a tendência de diminuição das responsabilidades do Estado, delegando, progressivamente, aos sujeitos, a tarefa de tomarem conta de si mesmos.*

Mas para se ter saúde se faz necessário ter "paz – habitação – educação – alimentação – renda - ecossistema estável – recursos sustentáveis - justiça social e equidade. O incremento nas condições de saúde requer uma base sólida nestes pré-requisitos básicos" (Carta de Ottawa, 1986, s/p). Não é um estado a ser alcançado por esforços individuais, mas por um conjunto de ações do Estado.

Nesse sentido, Foucault (2015, p. 147) assevera que no final do século XVI e começo do século XVII, as "nações do mundo europeu se preocupavam com o estado de saúde de sua população em um clima político, econômico e científico característico do período dominado pelo mercantilismo". A perspectiva do modelo mercantilista consistia "essencialmente em majorar a produção da população, a quantidade de população ativa, a produção de cada indivíduo ativo e, a partir daí, estabelecer fluxos comerciais que possibilitassem a entrada no Estado da maior quantidade possível de moeda", por meio da qual se pagavam os exércitos e tudo o que assegurasse a força real de um Estado com relação aos outros (Foucault, 2015, pp. 147-148). Afirma, ainda:

> Nesta perspectiva, a França, a Inglaterra e a Áustria começaram a calcular a força ativa de suas populações. É assim que na França se estabelecem estatísticas de nascimento e mortalidade e na Inglaterra as grandes contabilidades de população aparecem no século XVII. Mas tanto na França quanto na Inglaterra, a única preocupação sanitária do Estado foi o estabelecimento dessas tabelas de natalidade e mortalidade, índice da saúde da população e da preocupação em aumentar a população, sem, entretanto, *nenhuma intervenção efetiva ou organizada para elevar o seu nível de saúde* (Foucault, 2015, p. 148, grifos meus).

Na compreensão do referido autor, na Alemanha, diferentemente da França e Inglaterra, desenvolveu-se uma política médica efetivamente centrada na melhoria do nível de saúde da população, o que se chamou de "política médica de um Estado". Já a "polícia médica", que é instaurada na Alemanha, em meados do século XVIII, e aplicada no final deste século consiste em: 1º) Um sistema muito mais completo de observação da morbidade do que os simples quadros de nascimento e morte, 2º) Um fenômeno importante de normalização da prática e do saber médico, 3º) Uma organização administrativa para controlar a atividade dos médicos e 4º) A criação de funcionários médicos nomeados pelo governo com responsabilidade sobre uma região, seu domínio de poder ou de exercício da autoridade de seu saber (Foucault, 2015, p. 148).

> Essa medicina de Estado que aparece de maneira bastante precoce, antes mesmo da formação da grande medicina científica de Morgani e Bichat, não tem, de modo algum, por objeto a formação de uma força de trabalho adaptada às necessidades das indústrias que se desenvolviam neste momento. Não é o corpo que trabalha, o corpo do pro-

ESTAÇÕES DE VIDA E MORTE: RASTROS DE PREVENÇÃO AO SUICÍDIO

> letário que é assumido por essa administração estatal da saúde, mas *o próprio corpo dos indivíduos enquanto constituem globalmente o Estado*: é a força, não do trabalho, mas estatal, *a força do Estado em seus conflitos, econômicos certamente, mas igualmente políticos,* com seus vizinhos. É essa força estatal que a medicina deve aperfeiçoar e desenvolver. Há uma espécie de solidariedade econômico-política nesta preocupação da medicina de Estado. Seria, portanto, falso ligar isto ao cuidado imediato de obter uma força de trabalho disponível e válida (Foucault, 2015, p. 150).

Podemos observar que a Medicina de Estado instaurada na Alemanha, a partir da metade do século XVIII, não tinha por objetivo o fortalecimento do indivíduo, como aumentar sua capacidade produtiva, regular mão de obra com condições de produção. Almejava o fortalecimento do Estado, a fim de que ele pudesse exercer o controle social e se fortalecer como Estado propriamente dito perante os outros.

Foucault (2015) afirma que a Medicina Social Inglesa é essencialmente um controle da saúde e do corpo das classes mais pobres para torná-las mais aptas ao trabalho e menos perigosas às classes mais ricas. Ou seja, a prevenção está alinhada às estratégias de condução de conduta do Estado.

Interessante observar a mobilização social para impedir que esse tipo de morte aconteça, principalmente a "força policial". Em março de 2017, uma ação conjunta que envolveu policiais no Brasil e nos Estados Unidos impediu um homem de 40 anos, residente no oeste de Santa Catarina, de se suicidar durante uma transmissão ao vivo pelo Facebook. De acordo com a reportagem postada no G1-SC[46], a rede social identificou que o usuário dava sinais de que pretendia transmitir a própria morte por enforcamento. Ele havia feito um vídeo ao vivo em que deu a atender que se mataria nas duas horas seguintes. "Por meio dos dados do cadastro do usuário, policiais catarinenses chegaram até a casa do homem, onde confirmaram a situação e evitaram o suicídio. *Ele foi encaminhado pelos bombeiros a um hospital, onde foi medicado*". A polícia civil relatou na reportagem que o homem alegou que estava desempregado e sua esposa estava grávida do quarto filho, e se finaliza a reportagem dizendo: "*Ele tem histórico de problemas psicológicos e depressão*" (G1, 2017, s/p, grifos meus).

---

[46] Disponível em: http://g1.globo.com/sc/santa-catarina/noticia/2017/03/acao-entre-policia-do-brasil-e-dos-eua-evita-suicidio-que-seria-exibido-ao-vivo.html.

As estratégias de controle cada vez mais se ampliam para que esse tipo de morte não ocorra. O mesmo não é comum de ser observado para promover a vida, as condições de vida, o desejo de viver. É a individualização do sofrimento, da dor e de encontrar saídas. O sujeito precisa empreender para sair da situação em que se encontra, como se dependesse somente dele querer sair do sofrimento: "Por mais que esteja difícil, aguente mais um pouco, pois você não pode morrer por suicídio".

Em 2019, foi colocado em circulação no Brasil "O Algoritmo da vida", uma ferramenta tecnológica que analisa as redes (em especial o Twitter), objetivando identificar postagens que possam demonstrar que o usuário apresente sinais de depressão. De acordo com

> Estudos da University of Reading, na Inglaterra, e da Florida State University, publicados pelos respectivos departamentos de psicologia indicam que pessoas em depressão recorrem a um determinado grupo de palavras nas redes sociais. É o que foi chamado de *"gramática da depressão"* e ela indica a ocorrência da doença, mesmo em estágios iniciais.

Naturalmente, o uso da "gramática da depressão" vai estar presente no comportamento das pessoas nas redes sociais, na formação de grupos de comentadores nas redes sociais: Instagram, Facebook, YouTube, Twitter. *São sinais e, também, pedidos de ajuda.* (Rollingstone, 2019, grifos meus).

A "gramática da depressão" é expressão utilizada por pessoas diagnosticadas com depressão ou que se suicidaram, como é o caso do Kurt Cobain, vocalista da banda Nirvana. Algumas expressões foram retiradas das páginas dos diários de pessoas que se suicidaram e entendidas como sendo sinais de que sua saúde mental não estava bem, um pedido de ajuda, que não foi possível por não ter sido compreendido pelos que estavam ao seu redor.

Com base em um vocabulário, foi programado o "Algoritmo da Vida", para perscrutar as redes, em busca de "sinais", visando prevenir o suicídio. "O algoritmo encontra a recorrência desses termos e indica o perfil para uma checagem cuidadosa de uma equipe treinada para considerar, inclusive, contexto, ironias e recorrência de termos e periodicidade" (Rollingstone, 2019[47], s/p).

O projeto é assinado pela revista *Rolling Stone Brasil* e contou com a consultoria do professor da Faculdade de Medicina da USP, Daniel Barros, bem como com a participação da agência de publicidade África e da produtora

---

[47] Disponível em: https://rollingstone.uol.com.br/noticia/algoritmo-da-vida-com-ajuda-diarios-kurt-cobain-projeto-busca-sintomas-de-depressao-nas-redes-sociais-para-prevencao-do-suicidio/.

de tecnologia Bizsys. Após confirmar o potencial do usuário em "desenvolver depressão, um perfil secreto criado especificamente para a ação *com o auxílio de psiquiatras* entra em contato com o indivíduo por meio de mensagem privada, na mesma rede social". O propósito da conversa é "entender melhor o perfil do usuário e *indicar a melhor forma de tratamento, por meio do telefone do Centro de Valorização da Vida* (ligue 188), referência nacional no atendimento a pessoas com depressão." (Rollingstone, 2019 s/p. grifos meus).

Em janeiro de 2020, foi anunciada uma parceria entre a SAP Brasil e a Africa and Amazon Web Services (AWS) para buscar melhorar sua eficácia e expandir o alcance do "Algoritmo da vida" (Aberje, 2020). "O Algoritmo da Vida está em operação desde fevereiro e detectou quase 300 mil menções que potencialmente utilizam a linguagem da depressão". (Rollingstone, 2019, s/p).

Pedro Antunes, editor-chefe da Rolling Stone Brasil, relatou que a Rolling Stone, como um veículo voltado à cultura pop e, principalmente, à música, *"lida todos os dias com a depressão ou seus sintomas"*. [...] Muitos músicos pediram ajuda nas suas músicas. Veja o caso de Kurt Cobain ou de Chester Bennington, do Linkin Park, por exemplo. *"Vidas chegaram ao fim de forma precoce por conta da depressão"*; basta lembrar de Chris Cornell. Tudo o que pudermos fazer para diminuir esse número precisa ser nossa prioridade. É uma responsabilidade social que devemos ter. Cada vida salva é uma vitória (Rollingstone, 2019 s/p, grifos meus).

Identificar o sintoma depressivo é a principal proposta desse dispositivo tecnológico. No entanto, fico a pensar: o que será feito com os dados levantados? Os objetivos são mesmo a prevenção ao suicídio? Pois toda a proposta se articula para identificar sintomas depressivos, e a apontar o CVV como uma porta de entrada para lidar com esse sintoma. Se faz necessário muita cautela, para que o algoritmo da vida não seja alimento para que estes mesmos meios produzam produtos a serem consumidos pelos que partilham a tal gramática.

Compreendo que uma pessoa, em um estado depressivo, precisa de um acompanhamento profissional para que ela possa receber um tratamento adequado, após ser consultada e diagnosticada pela equipe. Às vezes, vai precisar de medicamentos, de terapias, dentre outros. No vaivém pelas estações, pude constatar que as estratégias chamadas de prevenção ao suicídio se reduzem em identificar e coibir o sujeito para que ele não morra por suicídio; em muitos casos, inclusive, com a força policial, como se pode observar na imagem abaixo, postada no Instagram em fevereiro de 2020.

Figura 25
Impedir que a morte ocorra

Fonte: Instagram do autor

A imagem anterior foi postada com a seguinte legenda:

Figura 26
"Aguenta mais um pouco"

> Eu sei que a vida tá complicada, e que a vontade de desistir da luta tem crescido aí dentro do seu peito. Mas creia-me, isso não vai durar para sempre! Isso vai passar! Aguenta mais um pouco, e se a vontade ressurgir, diga a si mesmo: "aguenta mais um pouco, que vai passar", porque vai passar sim. Você é competente e muito capaz!
> E acredite, você não está sozinho, mas precisa fazer o movimento da busca. Você consegue!
> Abraço fraternal!
> Núccia Gaigher ♡
> ☆
> ☆
> #respirar #reflexão #respiração qualidadedevida #fé #faith #god #jesus #cuidardocorpoedamente #cuidabemdevocê #cuidadasuasaúdemental #vamosfalardesuicídio #escolhaviver #viveréamelhosolução #suicídionão #digaSIMàvida #mentalhealth #saúdemental #saúdeintegral

Fonte: Instagram do autor

O suicídio é um tipo de morte que tensiona a biopolítica, e o Estado tem, às vezes, respondido com sua força policial para fazer viver. Vale destacar a fragilidade do Estado para lidar com esse comportamento que é um dos primeiros a ser inscrito nos registros da biopolítica, como demonstrarei a seguir.

Percursos da prevenção ao suicídio no Brasil

O grupo de trabalho estabelecido na Portaria 2.542, em dezembro de 2005, elaborou as Diretrizes Brasileiras do Plano Nacional de Prevenção do Suicídio, "instituído pela portaria nº 1.876, de 14 de agosto de 2006, em um evento realizado na Pontifícia Universidade Católica do Rio Grande do Sul, em Porto Alegre" (Botega et al., 2006, p. 218). Os objetivos estabelecidos nessa portaria foram:

> [...] desenvolver estratégias de *promoção de qualidade de vida*, de educação, de proteção e de recuperação da saúde e de prevenção de danos; desenvolver estratégias de informação, de comunicação e de sensibilização da sociedade de que o suicídio é um problema de saúde pública que pode ser prevenido; *organizar linha de cuidados integrais* (promoção, prevenção, tratamento e recuperação) *em todos os níveis de atenção*, garantindo o acesso às diferentes modalidades terapêuticas; identificar a prevalência dos determinantes e condicionantes do suicídio e tentativas, assim como os fatores protetores e o desenvolvimento de ações intersetoriais de responsabilidade pública, sem excluir a responsabilidade de toda a sociedade; fomentar e executar projetos estratégicos fundamentados em estudos de custo-efetividade, eficácia e qualidade, bem como em processos de *organização da rede de atenção e intervenções nos casos de tentativas de suicídio*; contribuir para o desenvolvimento de métodos de coleta e análise de dados, permitindo a qualificação da gestão, a disseminação das informações e dos conhecimentos; promover intercâmbio entre o Sistema de Informações do SUS e outros sistemas de informações setoriais afins, implementando e aperfeiçoando permanentemente a produção de dados e garantindo a democratização das informações; e *promover a educação permanente dos profissionais de saúde* das unidades de atenção básica, inclusive do Programa Saúde da Família, dos serviços de saúde mental, das unidades de urgência e emergência, de acordo com os princípios da integralidade e da humanização (Botega et al., 2006, p. 218, grifos meus).

Neury José Botega, vinculado ao departamento de Psicologia Médica e Psiquiatria da Universidade Estadual de Campinas (Unicamp), publica, em 2007, um editorial, cujo título me chama atenção: "Suicídio: saindo da sombra em direção a um Plano Nacional de Prevenção", em que comenta as diretrizes elencadas para orientar a construção do plano (Botega, 2007).

Passando uma década, em setembro de 2016, Neury Botega participou do 1º Simpósio no Oeste Catarinense sobre Suicídio, na cidade de Chapecó-SC. Após sua palestra, perguntei qual análise ele fazia sobre a prevenção ao suicídio no Brasil, visto que já fazia 10 anos do lançamento das Diretrizes Brasileiras do Plano Nacional de Prevenção do Suicídio. Respondeu-me que efetivamente o plano não saiu do papel, que o que se tinha de efetivo no âmbito da prevenção ao suicídio eram ações como aquela que estava acontecendo ali, de organizações não governamentais trabalhando na prevenção desse tipo de morte.

Como apontado anteriormente, em 2017, a temática do suicídio ganhou uma visibilidade no Brasil devido às discussões sobre o jogo *Baleia Azul* e a série *13 Reasons Why*, que compreendo terem sido relevantes para a proposição de uma lei sobre prevenção ao suicídio. Vale destacar o cenário político em que o Brasil se encontrava, visto que, no ano anterior, a primeira mulher eleita presidenta do país, Dilma Rousseff, do PT, após ser afastada do cargo, sofreu impeachment. Desde então, o cenário político brasileiro vem passando por diversos tensionamentos. Na ocasião da votação do impeachment, que ocorreu em agosto de 2016, muitos deputados e senadores justificaram o voto a favor pela "defesa da família", insinuando que a instituição familiar estava ameaçada.

Nesse sentido, tanto o jogo como a série motivaram discussões sobre o papel da instituição familiar na prevenção do suicídio, pois, quando um suicídio acontece, é comum a família ser alvo de julgamentos. Como apontado anteriormente, não são mais obrigadas a assistirem às punições dadas em praça pública ao corpo e seus familiares, mas muitas se sentem como se culpadas fossem pelo ocorrido.

Acredito que esses dois acontecimentos motivaram o deputado federal Osmar Gasparini Terra, do MDB/RS, a apresentar em 30/05/2018, um Projeto de Lei (PL) n.º 10331/2018, que "estabelece a notificação compulsória de casos de violência autoprovocada, incluindo tentativas de suicídio e a automutilação". Vale destacar que o Rio Grande do Sul é o estado brasileiro que apresenta os maiores índices de suicídio. Outro ponto a realçar é que a proposta inicial não inclui prevenção ao suicídio, mas notificação compulsória, o que parece seguir a mesma lógica do "algoritmo da vida": identificar, sem ter um plano concreto de como ajudar, acolher, intervir, cuidar.

Em 29 de março de 2019, o projeto foi recebido pelo então presidente do Senado Federal, Davi Alcolumbre, e em 9 de abril do mesmo ano, foi aprovado. Vale destacar que, em menos de um ano, o Projeto de Lei percorreu todas as instâncias e foi aprovado pelo presidente da República. Em 26 de abril de 2019, foi instituída por meio da Lei 13.819 a Política Nacional de Prevenção da Automutilação e do Suicídio, que será implementada pela União, em cooperação com os Estados, o Distrito Federal e os Municípios, e com a participação da sociedade civil e de instituições privadas. De acordo com a Agência Senado (2019), o projeto foi aprovado na forma de substitutivo apresentado em Plenário pelo deputado Eduardo Barbosa (PSDB-MG). Além das medidas previstas no texto original, ele incluiu a criação de um sistema nacional, envolvendo estados e municípios, para prevenção da automutilação e do suicídio, bem como um serviço telefônico gratuito para atendimento do público.

O presidente da República, Jair Bolsonaro, vetou o Art. 8º, "que submetia quem descumprisse a nova legislação às punições previstas na Lei de Infrações à Legislação Sanitária (Lei 6.437, de 1977)". De acordo com a Agência Senado (2019, s/p, grifos meus)[48],

> O governo argumenta que o dispositivo equipara genericamente à infração sanitária o descumprimento das obrigações relativas à Política de Prevenção da Automutilação e do Suicídio, o que não permite tipificação clara da conduta vedada e da respectiva penalidade.
>
> "Ao estabelecer que o descumprimento dessas obrigações seja caracterizado como infração sanitária, essa previsão alcança inclusive a *obrigação de estabelecimento de ensino privado notificar casos ao Conselho Tutelar*", explica a mensagem de veto.

Vale destacar aqui que a lei institui "o serviço telefônico gratuito para atendimento do público". No Brasil, o único serviço dessa natureza é o 188, serviço prestado pelo CVV. Vale lembrar que a lei é uma tentativa de resposta às discussões desencadeadas a partir de 2017, no Brasil, sobre o suicídio, como apresentado anteriormente.

---

[48] Disponível em: https://www12.senado.leg.br/noticias/materias/2019/04/29/sancionada-lei-que-exige-notificacao-compulsoria-de-casos-de-automutilacao.

No Art. 3º, são elencados os seguintes objetivos:

I. promover a saúde mental;

II. prevenir a violência autoprovocada;

III. controlar os fatores determinantes e condicionantes da saúde mental;

IV. garantir o acesso à atenção psicossocial das pessoas em sofrimento psíquico agudo ou crônico, especialmente daquelas com histórico de ideação suicida, automutilações e tentativa de suicídio;

V. abordar adequadamente os familiares e as pessoas próximas das vítimas de suicídio e garantir-lhes assistência psicossocial;

VI. informar e sensibilizar a sociedade sobre a importância e a relevância das lesões autoprovocadas como problemas de saúde pública passíveis de prevenção;

VII. promover a articulação intersetorial para a prevenção do suicídio, envolvendo entidades de saúde, educação, comunicação, imprensa, *polícia*, entre outras;

VIII. promover a notificação de eventos, o desenvolvimento e o aprimoramento de métodos de coleta e análise de dados sobre automutilações, tentativas de suicídio e suicídios consumados, envolvendo a União, os Estados, o Distrito Federal, os Municípios e os estabelecimentos de saúde e de medicina legal, para subsidiar a formulação de políticas e tomadas de decisão;

IX. promover a educação permanente de gestores e de profissionais de saúde em todos os níveis de atenção quanto ao sofrimento psíquico e às lesões autoprovocadas.

Observo que o SUS, porta de entrada de grande parte das demandas mencionadas anteriormente, tem sofrido constantemente com cortes de verbas e precarização das condições de trabalho. Fico a pensar quantos profissionais de saúde seriam necessários, atualmente, para dar conta da demanda em saúde mental.

Em 2017, ano em que a temática do suicídio ganha destaque no Brasil, o Ministério da Saúde havia divulgado uma "Agenda de Ações Estratégicas para a *Vigilância* e Prevenção do Suicídio e Promoção da Saúde no Brasil - 2017 a 2020," a qual afirma que a "prevenção do suicídio é uma das prioridades do Ministério da Saúde e representa um desafio para a saúde pública por se tratar de um *fenômeno complexo, multifacetado e de múltiplas determinações"* (Brasil, 2017, p. 07, grifos meus).

A agenda foi elaborada conjuntamente com áreas técnicas da Secretaria de Atenção à Saúde (SAS), da Secretaria de Vigilância em Saúde (SVS) e da Secretaria Especial de Saúde Indígena (SESAI), da Organização Pan-Americana de Saúde (OPAS/OMS), além de ter incorporado contribuições de outros parceiros como secretarias estaduais e municipais de saúde, associações e conselhos de classes e universidades, que participaram da Oficina "Panorama e estratégias para o enfrentamento do suicídio no Brasil", em 30 de novembro e 1 de dezembro de 2016, e do Workshop "Estabelecendo Diálogos sobre Prevenção do suicídio", realizado de 30 a 31 de maio de 2017. (Brasil, 2017, p. 07).

Na proposta apresentada, a vigilância ocupará uma posição estratégica; não somente a vigilância em Saúde, mas também a social, aquela que passa a perscrutar a vida nas redes sociais, nas escolas, para "identificar" possíveis comportamentos "suspeitos" e realizar a notificação. Nesse mesmo período, o Facebook fez uma atualização para que os usuários pudessem notificar as postagens que são "suspeitas", que apresentam conteúdos vinculados ao suicídio, o que permitiu impedir o suicídio no Oeste de Santa Catarina, como apresentado anteriormente.

De acordo com Mariana Lenharo, em uma notícia publicada no *G1*[49] – São Paulo, em junho de 2016, os usuários do Facebook no Brasil tiveram acesso a uma nova ferramenta para prevenção do suicídio, a partir de um projeto desenvolvido em parceria com o CVV. Compreendem que "pessoas contemplando a ideia de suicídio podem emitir sinais de alerta em suas publicações nas redes sociais".

Vigilância em todas as esferas da sociedade parece ser a principal estratégia biopolítica de fazer viver. Não é por acaso que vigilância vem antes de prevenção e promoção na agenda de "Ações Estratégicas para a *Vigilância* e Prevenção do Suicídio e Promoção da Saúde no Brasil 2017 a 2020". A referida agenda apresenta três eixos de ações estratégicas: I) Vigilância e Qualificação da Informação; II) Prevenção do Suicídio e Promoção da Saúde; III) Gestão e cuidado. O primeiro eixo se divide em quatro subeixos, versando sobre: a) Qualificação da notificação de tentativa de suicídio; b) Qualificação do diagnóstico e registro da causa

---

[49] Disponível em: http://g1.globo.com/bemestar/noticia/2016/06/facebook-lanca-ferramenta-de-prevencao-ao-suicidio-junto-ao-cvv.html.

de óbito; c) Qualificação das informações; d) Pesquisas e disseminação de informações (Brasil, 2017, p. 07, grifos meus).

Destaco no subeixo a) "Qualificação das informações", a participação do CVV, com o seguinte propósito: "C.4. *Pactuar com o Centro de Valorização da Vida (CVV) o compartilhamento, com gestores das três esferas de gestão, dos dados provenientes dos atendimentos para formulação de estratégias locais de enfrentamento do suicídio"* (Brasil, 2017, p. 07, grifos meus).

No CVV, as ligações são anônimas. Quando estive na coordenação do posto de Chapecó-SC, uma das responsabilidades da função era alimentar uma planilha com os números de atendimentos realizados pelo posto mensalmente e enviar à diretoria do CVV nacional. Não é possível, diante dos serviços prestados pelo CVV, informar a localidade de onde a pessoa fala, bem como outros marcadores que são importantes na compreensão deste fenômeno, como raça, condições sociais, estado civil, idade, gênero, dentre outros.

Antes, os relatórios eram utilizados internamente, não havia uma prática de divulgação para a comunidade dos números de atendimentos realizados. No site da instituição, o primeiro relatório que consta se refere ao primeiro trimestre de 2020. O relatório apresenta uma visão geral da história da instituição, um esclarecimento sobre o modelo de apoio emocional que o CVV presta à comunidade, uma linha do tempo abordando a história da instituição e, por fim, os resultados dos atendimentos telefônicos.

Figura 27
Número de ligações recebidas no CVV no em abril de 2021

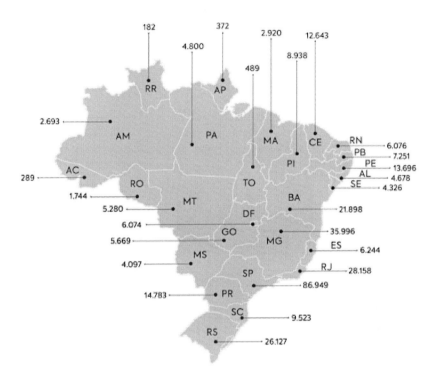

Fonte: CVV (2021, p. 20)

Apenas no mês de abril de 2021, o CVV recebeu 321. 905 ligações de várias regiões de Brasil. Em números absolutos, o Estado de São Paulo realizou mais ligações. Quando calculado o número de ligações para cada 100 mil habitantes, ele fica em quarto lugar - com 188/100.00 habitantes. Nesta escala, o estado do Piauí aparece em primeiro lugar 273/100.00 habitantes; Rio grande do Sul vem em segundo com 230/100.00 habitantes; Distrito Federal com 201/100.00 habitantes; Sergipe com 189/100.00 habitantes (CVV, 2021, p. 23).

No segundo trimestre de 2021, foram realizados 830 mil "apoios emocionais", como se costuma a dizer na instituição. Mais de 90 mil horas de conversas com pessoas que, às vezes, estão se sentindo solitárias, angustiadas, carentes, entre outros motivos. O CVV tem utilizado cada vez mais em suas publicações e divulgação de seus trabalhos o conceito de equilíbrio emocional: um serviço de apoio emocional.

> O CVV parte do pressuposto de que tanto o sofrimento, em seus diversos nomes e matrizes, quanto a busca por seu alívio são experiências constitutivas de todos nós, sem exceção. Mais ainda, falar sobre o próprio sofrimento em um ambiente acolhedor e respeitoso é um dos caminhos pelos quais se pode estabelecer o *equilíbrio emocional* [...]
>
> Quando dizemos que o voluntário oferece *apoio emocional* a quem sofre, deixamos explícito outro de nossos pressupostos: lidar com o próprio sofrimento passa por poder falar sobre ele com alguém que tenha desenvolvido uma *escuta qualificada*. Com uma experiência acumulada de mais de cinco décadas de aprimoramento dos processos de escuta, o CVV estimula em seus voluntários o exercício das atividades de respeito, aceitação, compreensão, flexibilidade, nivelamento, não projeção e moderação, *atitudes essas que não podendo ser reduzidas a técnicas, precisam ser cultivadas na personalidade do voluntário.* (CVV, 2020, p. 08, grifos meus).

No CVV, a escuta é a principal ferramenta de trabalho, na qual os voluntários se dispõem a escutar pessoas que desejam desabafar. Compreendo, a partir de minha inserção na instituição, a escuta qualificada como sendo uma forma de escuta sem julgamentos, compreensiva, respeitosa, empática, pois se pauta nos princípios da escuta não diretiva de Carl Rogers que compreende que quando uma pessoa é verdadeiramente ouvida, a pessoa fica com os olhos lacrimejando de alegria. Como se, ao falar, o outro validasse o sentimento. Para tanto, o voluntário precisa se moldar às orientações da instituição, desenvolvendo um modo de falar, um tom e voz que acolhe, aproxima. Nesse sentido, é comum nos espaços de formação de voluntários pensar o CVV como um modo de vida, o que implica utilizar os ensinamentos em todos os espaços e relações. Assim, o voluntário é moldado constantemente nos processos de aperfeiçoamento que o voluntariado exige.

Como apontado, o suicídio envolve diversos fatores socioculturais, históricos, psicossociais, ambientais, entre outros. Brasil (2017, p. 09, grifos meus) reconhece que "tanto os fatores de risco quanto os de proteção para o comportamento suicida e para o suicídio são complexos, com múltiplas determinações, *podendo ser prevenidos através de intervenções oportunas embasadas em dados confiáveis*".

Pude observar que a prevenção do suicídio no Brasil tem mais por função coibir, intervir para que a morte não aconteça do que proporcionar prevenção no sentido estrito da palavra. A produção de dados, cada vez

ESTAÇÕES DE VIDA E MORTE: RASTROS DE PREVENÇÃO AO SUICÍDIO

mais aprimorada a partir dos mecanismos tecnológicos, permite identificar "pessoas depressivas", com "ideação suicida" que usam as redes sociais, mas o suporte a ser oferecido para as pessoas é inexistente. Ela recebe um "diagnóstico do algoritmo", que pode ser de uma depressão, mas o tratamento é uma ligação telefônica. Caso o sujeito precise de um suporte diferenciado, terá de buscar, como na maioria das vezes, no setor privado.

No terceiro eixo da agenda estratégica divulgada por Brasil (2017), o CVV aparece como um parceiro do SUS, onde se propõe "Articular com o CVV a expansão nacional do código gratuito 188 com os pontos de atenção do SUS locais, de modo a efetivar o acionamento do acompanhamento nas Redes de Atenção à Saúde". Na experiência que tive no CVV e diante dos princípios da instituição, esse trânsito de informações ente CVV e SUS é impossível de acontecer, pois as ligações são anônimas e não diretivas, o que implica não poder dizer para a pessoa que liga buscar o serviço do SUS, um profissional da saúde. O que acontece são campanhas como o "Setembro Amarelo", onde algumas vezes o CVV se articula com os municípios para desenvolver atividades com a comunidade, como panfletagem e outras ações. No entanto, caso as pessoas sintam necessidade de ajuda profissional, como pude constatar na cidade de Chapecó, não tem profissionais da saúde para atender à demanda. Assim me relatou uma profissional da saúde que trabalha em um CAPS: "vem o Setembro Amarelo dizendo 'se precisar peça ajuda', mas quando eles vêm pedir amparo, a gente não tem mãos para acolher todo mundo, precisamos trabalhar fora do horário, fazer consultas de 15 minutos, para dar conta da demanda".

A Lei 13.819 prevê no Art. 4º que "O poder público manterá serviço telefônico para recebimento de ligações, destinado ao atendimento gratuito e sigiloso de pessoas em sofrimento psíquico". O que está sendo compreendido na Lei por sofrimento psíquico? Como um serviço que funciona majoritariamente por telefone pode dar conta dessa demanda que é reconhecida e inteirada constantemente como sendo complexa? Como analisado anteriormente, o CVV realiza "apoio emocional". Compreendo que pessoas em sofrimento psíquico precisam de atendimento especializado e o CVV não oferece esse tipo de atendimento.

Acredito que o CVV desenvolve um excelente trabalho no âmbito do ouvir, divulgar, conscientizar, disponibilizando-se a estar com as pessoas que podem precisar de um apoio emocional, o que até pode ser considerado uma forma de prevenção a sofrimentos. Mas para pessoas que já se encontram em sofrimento agravado, como ideação suicida, planejamentos ou até mesmo tentativa, esse serviço é insuficiente. Pessoas em sofrimento, muitas vezes, necessitam de um acompanhamento multiprofissional, o que no SUS está cada vez mais difícil de conseguir.

Em Chapecó-SC, por exemplo, na clínica de psicologia da universidade em que sou professor, tinha aproximadamente 400 pessoas na lista de espera para atendimento psicológico, em novembro de 2021. No município, a fila é bem maior. Em diálogo com acadêmicos de Psicologia que residem nas cidades próximas a Chapecó, eles relatam que no município não se tem a possiblidade de realizar terapias ou acompanhamentos psicológicos no SUS; são apenas para questões muito agravadas.

Em 2020, ao ministrar uma disciplina de prevenção ao suicídio para os residentes no Programa de Residência Multiprofissional, na área de concentração em "Atenção em Oncologia", para as respectivas profissões: Psicologia, Enfermagem, Nutrição e Farmácia, na área de concentração em "Atenção em Urgência e Emergência" em Enfermagem, no Hospitalar Lenoir Vargas Ferreira (ALVF), em Chapecó, onde sou professor convidado, indaguei sobre como era feita a contra referência dos pacientes que davam entrada por tentativas de suicídio. Apontaram diversas fragilidades e, praticamente, a inexistência de um serviço efetivo, visto que alguns municípios da regional não dispunham de profissionais para absorver esse trabalho.

Em Chapecó, eles tentam encaminhar para os CAPs, mas na maioria das vezes não é possível ser atendida a demanda. Então, orientam a buscar acompanhamento na rede privada. Como o hospital é filantrópico, é possível fazer esse encaminhamento com os profissionais que atendem no hospital, já que muitos exercem atividades na clínica privada também. Lembro-me de uma paciente, residente na cidade de Chapecó, que acompanhei em processo terapêutico. Ela tentou suicídio, foi atendida no Hospital Regional de Chapecó, no dia seguinte recebeu alta e foi encaminhada para um atendimento psiquiátrico na UBS próxima à sua casa. Um ano depois, uma agente comunitária de saúde deixou na casa de sua avó, que era sua vizinha, o encaminhamento para a consulta. O referido encaminhamento não se encontrava em um envelope, por exemplo; fora impresso em uma folha A4 e deixado na casa de sua avó, que naquela ocasião, passou a saber da tentativa de suicídio da neta, pois constava nele o motivo do encaminhamento.

São muitos os desafios a serem superados quando nos referimos à prevenção do suicídio no Brasil, país em que a desigualdade social tem crescido nos últimos anos. Acredito que a prevenção do suicídio passa, necessariamente, pela promoção da vida. Como analisa Almeida (2021, p. 104), "o suicídio é um assunto que invoca a reflexão sobre o sentido da vida, sobre que vida estamos vivendo, sobre qual gostaríamos de viver e sobre as formas de viver que pode ser necessário repensar e recusar". Compreendo que uma vida que não é "passível de luto", também não é passível de luta. A prevenção do suicídio não pode ser reduzida a ter com quem falar; é preciso ter o que comer, onde morar, estudar, trabalhar, ter lazer, descanso; é preciso ter condições de sonhar.

Outras ações que podem ser observadas na Agenda de Ações Estratégicas para a Vigilância e Prevenção do Suicídio e Promoção da Saúde no Brasil 2017 a 2020 são ações propostas para qualificar a vigilância e o fortalecimento da promoção em saúde, prevenção e posvenção do suicídio, destacando-se a ampliação dos Centros de Atenção Psicossocial (CAPS) e a qualificação de profissionais do SUS.

De acordo com Brasil (2021), atualmente existem 2.742 CAPS habilitados em todo o território nacional, em 1.845 municípios. A organização desses serviços varia de acordo com a tipologia (CAPS, CAPS i e CAPS AD), relacionada ao seu público-alvo, e seu porte (I, II, III, IV), levando em consideração o recorte populacional de sua referência, suas diferenças, o que implica nos horários de funcionamento, composição da equipe e carga horária dos profissionais.

Figura 28
A expansão dos CAPS no Brasil

Fonte: Brasil (2021, p. 5)

É possível constatar na imagem anterior que de 2020 para 2021 diminuíram cinco CAPS, o que contradiz a lógica das demandas em saúde mental que tem crescido de modo significativo. No que tange à qualificação dos profissionais, a Universidade Aberta do SUS (UNA-SUS) ofertou, em 2020, um curso de 30h sobre prevenção ao suicídio. Foram disponibilizadas 70.000 vagas, na modalidade a distância.

Realizai o curso em 2020. O curso segue a compreensão, que é majoritária das literaturas sobre esse ato, do suicídio como consequência de um processo de adoecimento, de que a maioria das pessoas demonstra sinais, de que o profissional da saúde precisa saber reconhecer e classificar os sinais nas devidas complexidades. Um curso informativo, mas que pouco questiona e problematiza o comportamento suicida e o suicídio.

Constato que, para além da questão da qualificação, faz-se necessário ter pessoas para qualificar. Atualmente, devido à grande demanda de atividades dos profissionais nos CAPS, não se tem condições de tempo nem para qualificar. Um profissional que tem de realizar os atendimentos de 15 em 15 minutos, como pude constatar em um CAPS onde realizei intervenções, fica com esgotamento psíquico e sente-se com medo de adoecer também.

Diante do alto índice de suicídio da população indígena, o Ministério da Saúde lançou, em 2019, um material didático objetivando orientar as equipes de saúde dos Distritos Sanitários Especiais Indígenas (DSEI) na organização de cuidados em saúde mental para prevenção do suicídio. O "material visa qualificar as ações e fundamentar os profissionais para acolherem pessoas que tentaram suicídio ou que sejam parentes de sujeitos que foram a óbito por essa causa" (Brasil, 2019, p. 07).

> A população indígena brasileira apresenta as mais altas taxas de suicídio, fenômeno análogo ao de outros países com populações indígenas. Segundo dados levantados pela SESAI, a partir de informações enviadas pelos Distritos Sanitários Especiais Indígenas (DSEI) e do Sistema de Informação da Atenção à Saúde Indígena (SIASI) - SUS, *a taxa de suicídio entre os povos indígenas no ano de 2014 foi de 21,8 por 100 mil indígenas, uma incidência quatro vezes maior do que a população brasileira em geral.* Essa incidência chega a ser *dez vezes maior* do que a registrada na média nacional *em regiões* e entre povos específicos, como é o caso da região *oeste do Amazonas* e da *região sul do Mato Grosso do Sul* (Brasil, 2017, p. 09, grifos meus).

ESTAÇÕES DE VIDA E MORTE: RASTROS DE PREVENÇÃO AO SUICÍDIO

O material também fornece dados estatísticos apontando que a maior incidência de suicídio se encontra na população jovem. No período de 2010 a 2017, foram registrados no SIASI 725 óbitos. Constatou-se que essa prática é mais frequente em indígenas do sexo masculino: 67,9%, como se pode observar na imagem a seguir.

Figura 29
Óbitos por suicídio registrados no SIASI de 2010 a 2017 por faixa etária e sexo, Brasil

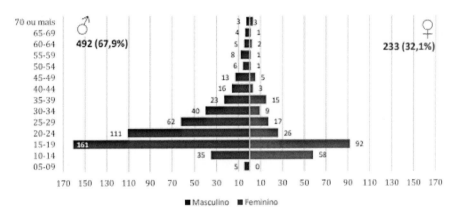

Fonte: Brasil (2019, p. 10)

Compreendo que o suicídio pode ser visto como uma denúncia de um modo de vida. No material não se discute a promoção de ações que possibilitam o fortalecimento da identidade indígena e as violências a que os povos indígenas estão submetidos. Reconhece que "a literatura científica relaciona as maiores taxas de suicídio ao contato discriminatório e violento com a sociedade envolvente, à dificuldade de acesso à terra, e a mudança nas relações familiares, especialmente, concernentes às mudanças nas regras de casamento"(Brasil, 2019, p. 10), mas as ações propostas não abarcam os problemas apontados; o que não acontece somente com a população indígena, mas com o suicídio em geral, como abordado anteriormente, no crescente índice de suicídio da população jovem de Altamira-PA.

Há em curso, no Brasil, de acordo com Flauzina (2006), um projeto sistemático de assassinato da população negra, desde a abolição da escravatura. E Brito (2018, p. 104) corrobora isso analisando que a "agenda genocida" é estrutural, reposicionada pelos sucessivos governos que assumiram a construção do país desde então, sem que se alterassem os termos desse pacto. Nesse sentido, Kilomba (2019, p. 188) analisa que

> [...] dentro do racismo, o suicídio é quase a visualização, a performance da condição do sujeito negro em uma sociedade branca: na qual o suicídio negro é invisível. [...] O suicídio pode assim de fato, ser visto como um ato performático da própria existência imperceptível. Em outras palavras, o sujeito negro representa a perda de si mesmo, matando o lugar da Outridade.

Navasconi (2018), analisando que as questões raciais vinculadas aos suicídios da população negra, confirma isso: "sabemos onde dói, mas nossas dores são invisibilizadas". Nessa trajetória, pude observar que as dores, bem como suas causas, fazem parte das estratégias de necropolítica. A vida e a morte são sempre controladas por estratégias de governamentalidade. O filósofo Mbembe (2018), dialogando com Michel Foucault e Giorgio Agambem, mostra que a vida em sua compreensão não é um simples fenômeno natural, mas, ao contrário, há um conjunto de elementos que contribuem para que indivíduos vivam ou sejam exterminados. Mbembe (2018, p. 71) define necropolítica como "formas contemporâneas que sugam a vida ao poder da morte", e entendo o esgotamento a que algumas pessoas são expostas para "deixar morrer" — ou um "fazer morrer", atualizado no contemporâneo.

Benício et al. (2018) aponta que Mbembe caracteriza a necropolítica como uma tecnologia de produção e gestão da morte na contemporaneidade, atualizando uma leitura das noções de biopoder, biopolítica e racismo de Estado, trazida por Michel Foucault, dialogando com Giorgio Agamben e Hannah Arendt. Em sua compreensão, a necropolítica constitui-se como um indicador tático para analisar a violência do contemporâneo, especialmente o fenômeno da destruição massiva de pessoas e a criação de mundos de morte que ilustram a continuidade da colonialidade e do imperialismo no âmbito da democracia liberal, na qual certos grupos populacionais são posicionados como "mortos-vivos", por meio de processos e práticas de desumanização, coisificação e indignificação de suas existências.

A noção de necropolítica possibilita uma análise das violências produzidas no seio do Estado a partir de uma lógica do neoliberalismo. Como argumenta Helena Chávez Mac Gregor (2013): "a necropolítica pode ser vista como uma categoria que permite problematizar a fundamentação da política contemporânea a partir dos modos como se entrelaçam, por um lado, violência e direito e, por outro lado, exceção e soberania."

O conceito de necropolítica nos ajuda a pensar o sofrimento a que as populações minoritárias estão expostas, na medida em que se busca compreender um tipo de poder que opera e se sustenta sob as violências, racismos, discriminações. São populações sistematicamente humilhadas e aviltadas nas condições básicas de existência. É um desafio constante se manter saudável mentalmente quando as estruturas sociais dominantes desqualificam o sofrimento e, muitas vezes, operam na ampliação da dor e das humilhações. Estruturas que submetem constantemente as pessoas, atacando e desqualificando determinadas formas e modos de vida.

5.2 A necropolítica como estratégia

> "Há muitas maneiras de matar uma pessoa. Cravando um punhal, tirando o pão, não tratando a sua doença, condenando à miséria, fazendo trabalhar até arrebentar, impelindo ao suicídio, enviando para a guerra etc. Só a primeira é proibida por nosso Estado." (Bertolt Brecht)

Apontamos a seguir alguns marcadores sociais — etário, étnico-racial e de gênero — para refletir sobre o suicídio e sua prevenção. A maioria das discussões sobre suicídio e sua prevenção está embasada e alicerçada na racionalidade de que quem se suicida é uma pessoa com problemas mentais, o que é reforçado pela OMS em sua página na internet, que categoriza o suicídio como questão do âmbito da saúde mental.

No vaivém das estações que passei, pude constatar que nem toda vida importa. Pude observar que existem marcadores sociais que diferenciam de modo decisivo os corpos, cuja vida importa, daqueles cuja vida não importa. Nesse sentido, queremos refletir sobre como a precarização da vida constroi condições para os suicídios; uma estrutura que marginaliza, exclui, ameaça a vida, principalmente a estrutura do capital financeiro neo-liberal, que gera e administra o sofrimento, como bem analisaram Safatle, Silva Junior e Dunker (2020).

A compreensão dos conceitos de biopolítica e necropolítica nos possibilita refletir sobre os suicídios de outro lugar, saindo da lógica da patologização e trazendo para a análise os efeitos que a economia de mercado neoliberal tem produzido nas condições e nos modos de vida, uma vez que os maiores índices de tentativas de morte por suicídio estão entre grupos de minorias que vivenciam negligências, discriminação de um Estado racista, assassino e suicidário (Mbembe, 2018), como indígenas, negros, comunidades LGBTQIA+ e vítimas de violência ou abusos, apontados pela OMS (2014) como categorias mais vulneráveis ao suicídio.

Brasil (2018, p. 12) reconhece a vulnerabilidade em saúde como sendo "constituída pela interação entre o contexto social, cultural, político, econômico e ambiental, entre si e entre os aspectos individuais, criando condições que favorecem certos riscos ou ameaças à saúde". Interessante destacar que o MS reconhece as categorias acima apontadas como vulneráveis, mas não as contempla na lei de prevenção ao suicídio. Essa lacuna parece sinalizar o momento político em que ela foi proposta e aprovada. Vale apontar que, em 31 de agosto de 2016, a primeira mulher eleita presidenta no Brasil, Dilma Rousseff, sofreu um golpe e foi impossibilitada de seguir no seu governo, assumindo a presidência seu vice, Michel Temer.

Com a assunção da direita no Brasil, após o golpe contra Dilma, em 2018, foi eleito um presidente que age com violência publicamente contra mulheres, negros, indígenas, crianças, população LGBTQIA+. Populações que há anos vêm lutando por direitos e reconhecimento de sua existência são alvos de retaliações e violências por aqueles eleitos para promoverem o bem-estar do país. Políticos que em suas ações muito contribuem para o aumento da desigualdade de gênero, social, racial entre outras; políticos que contribuem para ampliar as vulnerabilidades em saúde e tudo isso contribui, e muito, para que muitas pessoas queiram morrer. Analiso que interromper a vida, em muitos casos, é uma forma de afirmação da (r)existência.

Os determinantes sociais influenciam na vulnerabilidade em saúde. São chamados de determinantes porque "são diferenças nas condições e nas oportunidades de vida que podem gerar desigualdades injustas e evitáveis" (Brasil, 2018, p. 12).

ESTAÇÕES DE VIDA E MORTE: RASTROS DE PREVENÇÃO AO SUICÍDIO

Tabela 1

Determinantes de risco para o suicídio

Perfil predominante	Sociodemográficos	Psicológicos	Condições Clínicas
Sexo masculino	Desemprego	Conflitos interpessoais	Transtornos mentais
15 a 35 anos Acima 75 anos	Migração	Perda de parentes, amigos Perdas recentes	Depressão Alteração de humor
Solteiro ou separado	Isolamento social	Mudanças políticas e financeira	Alcoolismo
Aposentado	Guerras Conflitos armados	Rejeição, discriminação Racismo, LGBTfobia	Dores crônicas Lesões graves

Fonte: Brasil (2018, p. 12)[50]

Em função disso, entendemos que as estratégias de prevenção, bem como a compreensão sobre esse ato, deveriam estar para além de perspectivas patológicas, individualizantes, mas como tendo estreita relação com as condições sociais postas. Para a prevenção desse tipo de morte são necessárias mudanças estruturais, que promovam a igualdade de gênero, que diminuam as desigualdades sociais, as violências raciais, os índices de abusos sexuais; políticas públicas que promovam acesso a condições dignas de moradia, de trabalho, salários justos, lazer, entre outros.

De acordo com Brasil (2018, p. 16), "um dos grupos vulneráveis mais afetados pelo suicídio são os jovens e, sobretudo, os jovens negros, devido principalmente ao preconceito e à discriminação racial e ao racismo institucional". Brasil (2018) aponta que a cada 10 suicídios de adolescentes e jovens, em nosso país, 6 ocorreram dentre a população negra. A categoria negra é composta pelas pessoas que se autodeclaram pretas ou pardas, o que corresponde a 54,9% da população, de acordo com dados do IBGE de 2016. Aproximadamente 112,7 milhões de pessoas. As principais causas associadas ao suicídio em negros são: "a) o não lugar, b) ausência de sentimento de pertença, c) sentimento de inferioridade, d) rejeição, e) negligência, f) maus tratos, g) abuso, h) violência, i) inadequação, j) inadaptação, k) sentimento de incapacidade, l) solidão, m) isolamento social" (Brasil, 2018, p. 16). A intersecção desses marcadores, como identidade racial, sexual e afetiva, de gênero e de classe social, amplia a vulnerabilidade e os sofrimentos, pois os negros se veem em uma sociedade em que, para serem eles mesmos, terão de pagar um preço muito alto.

---

[50] Disponível em: https://bvsms.saude.gov.br/bvs/publicacoes/obitos_suicidio_adolescentes_negros_2012_2016. pdf?fbclid=IwAR1JvKQIuNZNIT6s_XKYEm6OiAUWfWH1toENITr1xUB1TjV_wlWCeA1iBIM.

Outra categoria, inscrita como vulnerável, é a dos povos indígenas. Dados apresentados pelo Ministério da Saúde em 2017 demonstram que o índice de mortalidade por suicídio entre os povos indígenas no Brasil foi quase três vezes maior do que entre a população geral no país. Entre 2011 e 2015, os índices figuraram 5,5/100 mil habitantes dentre a população geral; dentre as populações indígenas foi de 15,2/100.

Diante dos altos índices de suicídio da população indígena, em 2019, o Ministério da Saúde lançou um documento intitulado: "Estratégias de prevenção do suicídio em povos indígenas". O material se propõe a "orientar as equipes de saúde dos distritos sanitários especiais indígenas (DSEI) na organização de *cuidados em Saúde mental* para a prevenção do suicídio em populações indígenas, que é um agravo que impacta a saúde desses povos, em especial entre os mais jovens" (Brasil, 2019, p. 07, grifos meus).

> *Não existem informações suficientes evidenciando se as altas taxas de suicídio em comunidades indígenas são um fenômeno decorrente do contato com a sociedade envolvente ou se são práticas sociais anteriores a ele.* Esta informação permitiria identificar com maior clareza a influência dos fatores decorrentes deste contato e os fatores causais inerentes à própria organização social das comunidades. Por outro lado, existem evidências suficientes, demonstrando que as situações sociais precárias de diversas comunidades indígenas, decorrentes do contato histórico com os não indígenas, têm relação com o aumento das taxas de suicídio nestas comunidades. (Brasil, 2019, p. 13, grifos meus).

Vale destacar a estratégia de negação das consequências da colonização nos modos de vida da população indígena. Não é ao acaso que a produção anterior tenha sido feita em um período de destruição de direitos, onde a população indígena vem sofrendo com diversas violências, como a não demarcação de suas terras. Os baixos investimentos públicos destinados à proteção territorial, social e ambiental contribuem para o crescimento dos índices de violências. Em 2019,

> [...] foram registros 256 casos de 'invasões possessórias, exploração ilegal de recursos e danos ao patrimônio' em pelo menos 151 terras indígenas, de 143 povos, em 23 estados, em que se constata um aumento de 134,9% dos casos registrados em 2018.

ESTAÇÕES DE VIDA E MORTE: RASTROS DE PREVENÇÃO AO SUICÍDIO

Nesse mesmo ano, "foram registrados 113 assassinatos e 20 homicídios culposos que, somados a outros casos de violências praticadas contra a pessoa indígena, totalizavam 277 casos em 2019 – o dobro do registrado em 2018" (Acayaba & Arcoverde, 2021[51]).

Compreendo que os suicídios não podem ser analisados fora do contexto em que ele ocorre. Nesse sentido, tais dados impõem que o suicídio seja tomado enquanto questão necropolítica, atentando-se à sua relação com marcadores sociais e situações de vulnerabilidade. No referente às linhas de cuidados integrais, o material se propõe a

> [...] *identificar pessoas em riscos* e qualificar cuidados a famílias e grupos que sofrem as consequências das perdas de entes queridos por causa do suicídio. Tais ações ainda preveem *atribuições de profissionais* das equipes multidisciplinares de saúde indígena e de profissionais do campo da *Saúde mental* na oferta de atenção psicossocial. Estas ações se inserem no âmbito da atenção primária nas aldeias e procuram garantir o acompanhamento e acolhimento das famílias em risco por meio da elaboração de projetos terapêuticos singulares para cada usuário. (Brasil, 2019, p. 16, grifos meus).

O referido material se propõe a realizar um Projeto Terapêutico Singular (PTS) para identificar o que está desencadeando o sofrimento e as tentativas de suicídio dessa população. A proposta de cuidado a partir do PTS pode ser uma excelente ferramenta de cuidado, visto que

> [...] o PTS é *um conjunto de propostas de condutas terapêuticas* articuladas, para um sujeito individual ou coletivo, resultado da discussão coletiva de uma equipe interdisciplinar, com apoio matricial se necessário. Geralmente é dedicado a situações mais complexas. No fundo, é uma variação da discussão de "caso clínico". Foi bastante desenvolvido em espaços de atenção à saúde mental como forma de propiciar uma atuação integrada da equipe *valorizando outros aspectos, além do diagnóstico psiquiátrico e da medicação, no tratamento dos usuários.* (Brasil, 2007, p. 40).

É necessário que a equipe reflita sobre quais ferramentas dispõem para auxiliarem na intervenção, quais proposições têm para a resolução do caso. Nesse sentido, o PTS procura se adequar às especificidades de um

---

[51] Disponível em: https://g1.globo.com/sp/sao-paulo/noticia/2021/08/31/taxa-de-assassinatos-de-indigenas-aumenta-216percent-em-dez-anos-diz-atlas-da-violencia.ghtml.

grupo ou famílias e não só para indivíduos. O "projeto busca a singularidade (a diferença) como elemento central de articulação (lembrando que os diagnósticos tendem a igualar os sujeitos e minimizar as diferenças: hipertensos, diabéticos etc.)" (Brasil, 2007, p. 40).

Aquilo que é a essência do PTS não é levado em consideração na lei que institui a prevenção ao suicídio. Na literatura científica, sobre o suicídio muito se fala da associação entre suicídio e depressão, mas pouco é questionado, problematizado, sobre os fatores que levam ao adoecimento. Os agentes causadores do sofrimento são um princípio básico para a elaboração de um PTS, que passa por quatro momentos: o primeiro é o diagnóstico, que visa uma compreensão ampliada dos possíveis fatores que podem estar entrelaçados gerando sofrimento. Os outros três remetem aos encaminhamentos: *definição de metas*, divisão de responsabilidades, reavaliação.

Ao analisar as políticas públicas de prevenção ao suicídio, constato que não se quer trabalhar para diluir as causas que levam ao suicídio, que são muitas vezes sociais; busca-se individualizar e ampliar os cuidados na própria comunidade, como se o sofrimento fosse um sintoma individual. Os suicídios não ocorrem por falta de cuidados da comunidade, mas pode ser por falta de condições de vida. Nas estratégias de cuidado, buscam "incluir a participação dos cuidadores indígenas no processo como os pajés, rezadores, raizeiros, considerando as perspectivas e modelos explicativos indígenas sobre o suicídio" (Brasil, 2019, p. 16), mas não levam em consideração como as violências em todas as esferas, influenciam na decisão de não mais viver.

O PTS incorpora a interação de diversos saberes, incluindo o do sujeito paciente e seus familiares. Ninguém melhor do que ele para dizer sobre seu sofrimento. A proposta é sair de um olhar da equipe sobre o paciente para a elaboração de um olhar com o paciente sobre a sua vida, seu processo de adoecimento. Reconheço a potência desse dispositivo de cuidado; no entanto, precisamos estar atentos para como estamos utilizando e nos propondo utilizar, pois "é importante no PTS uma certa crença de que *a pessoa tem grande poder de mudar a sua relação com a vida* e com a própria doença" (Brasil, 2007, p. 47, grifos meus).

Lemos e Galindo (2013, p. 977), em virtude do massacre que a comunidade Guarani-Kaiowá de Pyelito Kue/Mbarakay - Iguatemi-MS estava passando, problematizam o acontecimento relacionando-o às práticas racistas de biopoder, que são empreendidas em vista ao território indígena e analisam que o "racismo parece estar sustentando tal realidade e a cumplicidade com o genocídio que está sendo feito, pois há demora em realizar a demarcação, negligência diante dos apelos desses povos, que já aconteceram de várias maneiras". Nesse sentido, fico a pensar que o Estado sabe muito bem as causas dos sofrimentos ao não reconhecer como sujeitos de direitos a terra sagrada onde habitam e seu antepassados residiam.

As autoras supracitadas analisam partes de uma carta da comunidade Guarani-Kaiowá de Pyelito Kue/Mbarakay - Iguatemi-MS para o Governo e a Justiça do Brasil, de 2012, em que relatam:

> Pedimos ao Governo e à Justiça Federal para *não decretar a ordem de despejo/ expulsão, mas decretar nossa morte coletiva e enterrar nós todos aqui*. Pedimos, de uma vez por todas, para decretar nossa extinção/dizimação total, além de *enviar vários tratores para cavar um grande buraco para jogar e enterrar nossos corpo*s. Este é o nosso pedido aos juízes federais. (Lemos e Galindo, 2013, p. 977, grifos meus).

A carta me leva a analisar que decretar a saída deles do "espaço sagrado" é uma forma de morte, pior que a morte biológica. Que vida seria possível fora do seu habitat sagrado, distante do contato com a natureza? A morte deles estava sendo decretada pelo Estado, com sua estratégia necropolítica.

Outro grupo de pessoas inscritas como vulneráveis são as populações LGBTQIA+, um grupo marginalizado que, dependendo da condição financeira que dispõe, participa de algumas esferas da sociedade, mas não sem passar ileso pelas violências. De acordo com Nagafuchi e Adorno (2017), os índices de suicídio e tentativas de suicídio na população referida é de 2 a 7 vezes maior do que em homens e mulheres heterossexuais.

São vidas precarizadas, como mostra Butler (2017, p. 78), que considera que "a vida, concebida como vida precária, é uma condição generalizada, e sob certas condições políticas se torna radicalmente exacerbada ou radicalmente repudiada". Vidas que são dilaceradas para morrer aos poucos, torturadas diariamente pelos preconceitos, pelas más condições de trabalho, dentre outras. Orientando-se pela questão: "o que é uma vida 'vivível'?", Butler (2017) argumenta que para uma vida ser considerada lesada, perdida ou "matável", ela precisa, primeiro, ser considerada viva.

> Se certas vidas não são qualificadas como vidas ou se, desde o começo, não são concebíveis como vidas de acordo com certos enquadramentos epistemológicos [mas também políticos, econômicos, religiosos, de gênero], então essas vidas

> nunca serão vividas nem perdidas no sentido pleno dessas palavras (Butler, 2017, p. 13).

Nesse sentido, a autora supracitada aponta que são os enquadramentos que reconhecem, diferenciam e decidem quais vidas são reconhecíveis como vida e quais não reúnem essas condições. Compreendo, a partir de Butler, que a vida é precária, mas que certos enquadramentos aumentam a precariedade, a vulnerabilidade, principalmente daquelas que não são passíveis de luto. A precariedade da vida, portanto, consiste no "fato de que a vida de alguém está sempre, de alguma forma, nas mãos do outro" (Butler, 2017, p. 31). Devido a isso, "[...] afirmar que a vida é precária é afirmar que a possibilidade de sua manutenção depende, fundamentalmente, das condições sociais e políticas, e não somente de um impulso interno para viver..." (Butler, 2017, p. 40).

Como Butler (2017, p. 13) aponta, "se certas vidas não são qualificadas como vidas ou se, desde o começo, não são concebíveis como vidas de acordo com certos enquadramentos epistemológicos, então essas vidas nunca serão vividas nem perdidas no sentido pleno dessas palavras." Logo, não são passíveis de luto, nem de políticas públicas de acesso à saúde e bem-estar. Literalmente, "vidas sem valor".

O suicídio faz parte das possiblidades humanas e envolve determinações de uma época, bem como a decisão daquele que pretende pôr fim à própria vida. Acontecimentos presentes em nossa época sinalizam que o suicídio muitas vezes é mais do que desistência da vida, é um protesto contra a precarização de determinadas formas de vida, da escassez de direitos e não apenas um ato individual, patológico.

Os dados apresentados neste capítulo nos conduzem a interrogar o quanto esse tipo de morte se articula com as negligências e com a cumplicidade do Estado, ao não demarcar as terras indígenas, ao não proporcionar condições de acesso aos bens de consumo, bem como aos serviços de saúde, ao aceitar as violências de gênero realizadas pelo atual presidente, ao não proporcionar condições de acesso à educação, à saúde, ao trabalho, ao lazer, à arte, dentre outras, à população em geral. Um Estado que oferece a possibilidade de ligação telefônica atendida por voluntários que pagam para trabalhar, como se fosse sinônimo de promoção de saúde mental, um Estado que aprova leis que precarizam as condições de trabalho da população, as aposentadorias, não leva a sério a prevenção ao suicídio. Como sublinha Mbembe (2018, p. 5), "matar ou deixar viver constituem os limites da soberania, seus atributos fundamentais. Ser soberano é exercer controle sobre a mortalidade e definir a vida como a implantação e manifestação do poder". Isso nos provoca a interrogação: quem deve viver e quem deve morrer?

Reconhecer a especificidade dos grupos, o modo de ser e estar no mundo, os sofrimentos desencadeados por esse trânsito, ajuda a pensar estratégias de prevenção ao suicídio, na medida em que passamos a sentir-nos inseridos na sociedade em que estamos. O processo de exclusão, do não pertencimento, contribui para o desenvolvimento do desejo de morrer. A partir de minha experiência de mais de uma década com a temática pesquisada, atesto que suicídios e tentativas de suicídios muitas vezes podem ser analisados como uma afirmação da (r)existência. Precisamos sentir-nos existentes, incluídos, pertencentes à sociedade. A prevenção desse fenômeno pode se dar na medida em que nos sentimos fazendo parte da sociedade.

Reconhecemos a singularidade de cada ato, dos múltiplos fatores que perpassam a existência, os fatores biológicos, psíquicos, sociais. Busquei neste capítulo analisar as relações dos suicídios com a sociedade. Aponto a ausência do Estado nas estratégias de prevenção ao suicídio, que os serviços de saúde mental disponíveis hoje são insuficientes para atender à demanda, que o que é proposto na lei de prevenção ao suicídio jamais poderá ser efetivado pelo CVV e pelo que a instituição se propõe a fazer.

Os materiais do MS que embasam as discussões sobre os suicídios estão alicerçados no saber-poder-médico-psiquiátrico. No entanto, as ações propostas na lei destinam-se a uma parceria de baixo custo, a partir do voluntariado. O fortalecimento do SUS para o enfrentamento desse problema de saúde pública não é discutido. Isso reforça a lógica neoliberal de enfrentamento: desmantelar os serviços públicos, para que as pessoas recorram aos serviços particulares.

A vulnerabilidade apontada anteriormente se dá pelo simples fato de que existir enquanto pessoa indígena, negra, LGTBQIA+, entre outros grupos minoritários, faz com que se esteja sujeito a sofrer preconceitos, ser alvo de violências policial, racial, de gênero, ter menores salários, ser preso, dentre outras violências que esses corpos experimentam (Afonso & Seabra, 2021). Tais situações têm importante impacto sobre a saúde mental, e esse sofrimento não se cura com remédios, mas com justiça social. Nesse sentido, entendo que as políticas públicas de prevenção ao suicídio devem levar em consideração os fatores que geram sofrimentos nas pessoas.

Concordo com Margareth Arilha que defende que "precisamos impedir que a psiquiatria sequestre o suicídio" e que esse fenômeno precisa ser "analisado de um modo mais amplo, com atuação não só médica ou de profissionais da saúde, mas também de antropólogos, sociólogos, artistas e comunicadores" (Instituto Humanitas Unisinos, 2019). Uma vez que a prevenção supõe medidas antecipadas para evitar adoecimentos ou agravos, por meio de ações frente a determinadas possibilidades de adoecimento, como as ações propostas na lei de prevenção ao suicídio no Brasil contribuem nesse sentido?

O sofrimento muitas vezes está externo ao sujeito, ele se sente impotente, pequeno, sem forças para lutar. Acredito que a prevenção do suicídio precisa levar em consideração os agentes causadores de sofrimento, aqueles que inscrevem determinadas categorias nos enquadres da vulnerabilidade para esse tipo de morte.

ESTAÇÃO FINAL

Tantas vezes me mataram
Tanta vezes eu morri
Mas agora estou aqui
Ressuscitando

Agradeço ao meu destino
E a essa mão com um punhal
Porque me matou tão mal
E eu segui cantando

Cantando ao sol
Como uma cigarra
Depois de um ano embaixo da terra
Igual a um sobrevivente
Regressando da guerra

Tantas vezes me afastaram
Tantas reapareci
E por tudo que vivi
Vivi chorando

Mas depois de tanto pranto
Eu aos poucos percebi
Que o meu sonho não tem dono
E segui cantando

Refrão
Tantas vezes te mataram
Tantas ressuscitarás
Tantas noites passarás
Desesperando

Mas na hora do naufrágio
Na hora da escuridão
Alguém te resgatará
Para ir cantando

Refrão

Composição: Elena Walsh

Em muitos momentos, ouvi e reproduzi que escrever uma tese é como entrar em um processo de gestação: chega um momento que é preciso "parir" e deixar a criança percorrer sua trajetória existencial. Faço algumas considerações sobre os deslocamentos entre as estações de vida e morte que cartografei e analisei até aqui. De agora em diante, o escrito segue seu percurso, em busca de novos encontros, outras ressonâncias e afetos. Fica o desejo que ele possa ter lhe proporcionado "bons encontros", te motivado a pensar diferente a prevenção ao suicídio.

Pude constatar ao longo da trajetória de doutoramento que o conhecimento, assim como a vida, é processual, fruto de (des)encontros. O modo como somos afetados pelos acontecimentos ao nosso entorno pode (des) potencializar a vida. A vida vai sendo tecida pelas linhas dos afetos. Tudo isso me leva a terminar, sem, contudo, concluí-la.

Ao longo das estações, busquei analisar como se articulam as práticas de prevenção ao suicídio, historicizando as concepções desse modo de morrer, sua inscrição no campo da biopolítica e como as práticas de prevenção foram tecidas nas malhas das estratégias da governamentalidade neoliberal no Brasil.

Segui rastros de concepções de como o ato de interromper a vida foi e continua sendo compreendido, visto que as práticas de prevenção atuais se articulam com concepções forjadas historicamente pelo saber/poder e segue influenciando o modo de lidar com esse tipo de morte. Essas concepções foram, ao longo da história ocidental, tensionadas, modificadas e transformadas. Aquilo que fora considerado um ato de extrema liberdade na Antiguidade Romana foi transformado em crime e pecado, passível de punição. Na modernidade, foi compreendido como sendo consequências de adoecimento mental. E sob essa concepção, que é majoritária na atualidade, inscrevem-se as práticas de prevenção ao suicídio. Não se pretende negar que, em muitos casos, há uma relação com adoecimento mental. Mas, sim, precisamos ampliar a compreensão que estamos fazendo de adoecimento mental. Não podemos individualizar a saúde mental, ela está estritamente ligada ao nosso modo e condições de vida.

Compreendo que, para pensar um plano de prevenção ao suicídio, é preciso levar em consideração que as causas desse tipo de morte são sociais, sistêmicas e não se pode individualizar. O sofrimento mental é um problema político e sua prevenção passa necessariamente pela distribuição de renda e promoção de justiça social, diminuindo a vulnerabilidade de alguns grupos sociais.

Busquei apontar como determinados grupos sociais são mais afetados pela lógica da governamentalidade neoliberal, como suas dores fazem ressonâncias aos encontros que a vida lhes proporciona. Não temos a liberdade de escolher onde vamos nascer e nem em que condições, mas podemos escolher seguir vivendo ou não. Pude compreender, a partir das muitas histórias de morte que tomei conhecimento, que escolher partir foi também uma forma de denunciar, romper com as amarras que estrangulavam a vida.

Não há dúvida de que os crescentes índices de adoecimento psíquico têm relação direta com o modo como a sociedade está organizada, de como estamos sendo governados. Penso que a prevenção e a promoção da saúde andam juntas quando falamos de tentativas e de suicídios, que somente construindo novos modos de organização social vamos, de fato, prevenir esse tipo de morte. O modo como vivemos nos mata um pouco a cada dia. Como muitas vezes ouvi meu pai dizer: "é preciso matar um leão por dia para sobreviver". Mas não é todo dia que temos a disposição de lutar; há momentos que podemos simplesmente cansar e desistir da luta.

Precisamos entender o suicídio para além de um ato individualizante. É necessário compreender o que nos adoece e buscar, coletivamente, formas de transformação de nossa sociedade.

Foi a partir de afetos alegres que percorri as estações apresentadas ao longo desta obra. Mesmo pesquisando uma temática controversa, pesada, tive bons encontros nas estações, que ampliaram minha potência de vida e vontade de viver. Tive encontros que me desafiaram a pensar sobre o que é a vida. Histórias de vida de verdadeira ressureição, de pessoas que foram mortas muitas vezes, mas conseguiram seguir cantando como a cigarra ao sol, pois também tiveram "bons encontros" e decidiram seguir vivendo. Pois viver também é uma forma de resistir. Em uma sociedade que segrega, exclui, deixa morrer, viver é resistir.

A vida é repleta de (des)encontros. Encontros que podem nos motivar a seguir, apesar de tudo, encontros de "bons afetos", como ensinou Spinoza. Mas também há encontros tristes, desencontros, que despotencializam a vida. Penso que, quando fazemos "bons encontros", contribuímos na prevenção ao suicídio. Pude compreender que na governamentalidade neoliberal o outro é nosso concorrente, alguém a ser superado, um inimigo, o que dificulta "bons encontros" e diminui a vontade de seguir vivendo. Quando a vida é reduzida ao *"bio"*, viver ou morrer tanto faz.

A lógica neoliberal nos afasta de nós mesmos, exigindo que nos transformemos em outro, em um movimento sem fim, já que precisamos nos superar a cada dia. E tudo isso é cansativo, desgasta, leva-nos a perder o encanto pela vida. Mata-nos por dentro. Prevenir o suicídio é ampliar a potência da vida.

REFERÊNCIAS

Aberje (2020). SAP Brasil and Amazon Web Services join the "Algorithm of Life" initiative. https://www.aberje.com.br/sap-brasil-and-amazon-web-services-join-the-algorithm-of-life-initiative/.

Agostinho. (2002). *A Cidade de Deus.* 7ª ed. Trad. Oscar Paes Lemes. Rio de Janeiro: Editora Vozes. Parte I.

Almeida, F. A. (2021). *Suicídio e medicalização da vida – reflexões a partir de Foucault.* EDITORA CRV. https://doi.org/10.24824/978652511202.2.

Alvarez, A. (1999). *O deus selvagem:* um estudo sobre o suicídio. Companhia das letras, São Paulo.

Aquino, T. (1996). *Suma contra os gentios.* Porto Alegre: EDIPUCRS.

ABP/CFM - Associação Brasileira de Psiquiatria/Conselho Federal de Medicina. (2015). *Comportamento suicida:* conhecer para prevenir. http://www.proec.ufpr.br/download/extensao/2017/abr/suicidio/manual_cpto_suicida_conhecer_prevenir.pdf.

Agência nova s/b. (2017). *Suicídio:* precisamos falar sobre. Recuperado em 21 de maio de 2019, de https://dossie.comunicaquemuda.com.br/wp-content/uploads/2017/07/DOSSIE_CQM_SUICIDIO_WEB.pdf.

Ariès, P. (2012). *História da morte no Ocidente: da Idade Média aos nossos dias.* (Ed. especial). Rio de Janeiro: Nova Fronteira.

Arilha, M. (2018). As estrelas do céu e o suicídio. Jornal de Jundiaí. recuperado de https://www.jj.com.br/opiniao/margareth-arilha-as-estrelas-do-ceu-e-o-suicidio/index.html

Bauman, Z. (2008). Medo líquido. Editora Zahar.

Bauman, Z. (2007). Modernidade Líquida. Editora Zahar.

Barbagli, M. (2019). O suicídio no ocidente e no oriente. Tradução Federico Carotti: Vozes.

British Broadcasting Corporation. ([s.d.]). "13 Reasons Why" está ligada a aumento de suicídios entre jovens nos EUA, diz estudo do governo americano - BBC News

Brasil. Recuperado 13 de maio de 2019, de https://www.bbc.com/portuguese/geral-48112247

Bedinelli, T., & Martín, M. (2017). Baleia Azul: o misterioso jogo que escancarou o tabu do suicídio juvenil. *El País*. Recuperado de https://brasil.elpais.com/brasil/2017/04/27/politica/1493305523_711865.html

Befrienders. (n.d.). Befrienders Worldwide | Emotional support to prevent suicide worldwide. https://www.befrienders.org/about-us

Benicio, L. F. d. S., Barros, J. P. P., Rodrigues, J. S., Silva, D. B. d., Leonardo, C. d. S., & Costa, A. F. d. (2018). Necropolítica e pesquisa-intervenção sobre homicídios de adolescentes e jovens em fortaleza, CE. *Psicologia: Ciência e Profissão, 38*(spe2), 192-207. https://doi.org/10.1590/1982-3703000212908

Berardi, F. B. (2015). *Héroes - Asesinato masivo y suicidio*. Madrid – Espanha: akal.

Berardi, Franco Bifo. (2017). Neoliberalismo, assexualidade e desejo de morte. *Outras Palavras*. http://www.ihu.unisinos.br/186-noticias/noticias-2017/564429-neoliberalismo-assexualidade-e-desejo-de-morte-em-edicao.

Bertolote, J. M. (2012). O suicídio e sua prevenção. São Paulo: Editora Unesp.

Bertolote, J. M., & Fleischmann, A. (2002). Suicide and psychiatric diagnosis: a worldwide perspective. *World psychiatry: official journal of the World Psychiatric Association (WPA), 1*(3), 181-185.

Bianchi, F., & Severo, L. (2019). Chile: capitalização da Previdência faz idosos morrerem trabalhando e suicídio bater recorde. https://revistaforum.com.br/global/chile-capitalizacao-da-previdencia-faz-idosos-morrerem-trabalhando-e-suicidio-bater-recorde/

Borba, M. P., & Hennigen, I. (2015). Composições do corpo para consumos: uma reflexão interdisciplinar sobre subjetividade. *Psicologia & Sociedade*, 27(2), 246-255. 255. http://dx.doi.org/10.1590/1807-03102015v27n2p246

Botega, J. N. (2015). *Crise suicida:* avaliação e manejo. Porto Alegre: Artmed.

Botega, N. J., Cais, C. F. da S., Correa, H., Segal, J., Carvalho, J. A., Bertolote, J. M., & Stefanello, S. (2009). *Comportamento suicida: conhecer para prevenir - dirigido para profissionais de Imprensa*. Brasília: ABP-Editora. www.abpbrasil.org.br/sala_imprensa/manual/

Botega, N. J. (2014). Comportamento suicida: Epidemiologia. *Psicologia USP*, *25*(3), 231-236. https://doi.org/10.1590/0103-6564d20140004

Brasil. (2021). Dados da rede de atenção psicossocial (raps) no sistema único de saúde (sus). https://www.gov.br/saude/pt-br/acesso-a-informacao/acoes-e--programas/caps/raps/arquivos/rede_raps_2021_modelo_saps_julho_2021.pdf.

Brasil. (2006). Portaria Nº 1.876, de 14 de Agosto de 2006.

Brasil. (2018). Óbitos por suicídio entre adolescentes e jovens negros 2012 a 2016. Universidade de Brasília, Observatório de Saúde de Populações em Vulnerabilidade. https://bvsms.saude.gov.br/bvs/publicacoes/obitos_suicidio_adolescentes_negros_2012_2016.pdf

Brasil. (2017). Agenda estratégica de ações de prevenção do suicídio em populações indígenas 2017–2018. https://www.neca.org.br/wp-content/uploads/cartilha_agenda-estrategica-publicada.pdf.

Brasil. (2019). Lei nº 13.819, de 29 de abril de 2019. Brasília. https://www.in.gov.br/web/dou/-/lei-n%C2%BA-13.819-de-26-de-abril-de-2019-85673796.

Brum, E., & Glock, C. (2020). A cidade que mata o futuro: em 2020, Altamira enfrenta um aumento avassalador de suicídios de adolescentes. https://brasil.elpais.com/sociedade/2020-04-27/a-cidade-que-mata-o-futuro-em-2020-altamira-enfrenta-um-aumento-avassalador-de-suicidios-de-adolescentes.html

Brum, E (2019). *"A notícia é esta: o Xingu vai morrer":* O Ministério Público Federal adverte que a maior tragédia amazônica hoje na região de Altamira é o "ecocídio" da Volta Grande do Xingu. https://brasil.elpais.com/brasil/2019/09/12/opinion/1568300730_780955.html

Butler J.(2015). *Quadros de guerra*: quando a vida é passível de luto? (Vargas M. Trad.). Rio de Janeiro: Civilização Brasileira.

Candiotto, C. (2007). Verdade e diferença no pensamento de Michel Foucault. *Kriterion: Revista de Filosofia*, *48*(115), 203-217. https://doi.org/10.1590/s0100-512x2007000100012

Cânon, (1983). Código de direito canônico. Edições Loyola.

Carvalho, Z. T. de. (2019). *O papel da escuta rogeriana no processo de prevenção do suicídio*. [Monografia Graduação em Psicologia]. Faculdade de Ciências da Educação e Saúde, Centro Universitário de Brasília, Brasília.

Coimbra, D. (2011). *Suicídio meritório: reflexões sobre a morte voluntária desde um ponto de vista ético-negativo.* [Dissertação de Mestrado]. Programa de Pós graduação em Filosofia da Universidade de Brasília (UNB). Orientador: Julio Cabrera.

Cassorla, R. M. S. (2018). *Suicídio: fatores inconscientes e aspectos socioculturais: uma introdução.* São Paulo: Blucher.

Cerqueira, d. R. C.; Carvalho, a. X. Y.; Lobão, w. J. A.; Rodrigues, R. I. *Análise dos custos e conseqüências da violência no Brasil* Brasília: IPEA, 2007.

CFM/ABP. (2014). Suicídio: informando para prevenir. https://www.hsaude.net.br/wp-content/uploads/2020/09/Cartilha-ABP-Preven%C3%A7%C3%A3o-Suic%C3%ADdio.pdf

Côrte, B., Khoury, H. T. T., & Mussi, L. H. (2015). Suicídio de idosos e mídia: o que dizem as notícias? *Psicologia USP, 25*(3), 253-261. https://doi.org/10.1590/0103-6564d20140003

Centro de Valorização da Vida. (2019). Centro de Valorização da Vida. Recuperado em 28 de abril de 2019, de https://www.cvv.org.br/

CVV. (2021). *188: Grande parceria em favor da vida - CVV | centro de valorização da vida.* (n.d.). CVV | Centro de Valorização da Vida. https://www.cvv.org.br/blog/188-grande-parceria-em-favor-da-vida/.

CVV. (2021) Manual do programa CVV.

CVV. (n.d.). Manual do voluntário.

CVV lança vídeos para prevenção do suicídio com apoio do Unicef. (n.d.). CVV - Centro de Valorização da Vida. https://www.cvv.org.br/blog/cvv-lanca-serie-de-videos-para-prevencao-do-suicidio-com-apoio-do-unicef/

Corbanezi E., & Rasia, J. M. (2020). Apresentação do Dossiê: Racionalidade Neoliberal e Processos de Subjetivação Contemporâneos. 10.5433/2176-6665.2020.2v25n2p287

Czeresnia, D., & Freitas, C. M. (2003). Promoção da Saúde: conceitos, reflexões, tendências. Rio de Janeiro: Ed. Fiocruz. 39-53.

Deleuze, G., & Guattari, F. (1995). Mil Platôs: capitalismo e esquizofrenia. Rio de Janeiro: Editora 34. V. 1.

Delgado, D. A. (2016). *A formação dos profissionais de psicologia do estado de Santa Catarina para atender as demandas do suicídio.* [TCC Graduação em Psicologia]

Universidade do Oeste de Santa Catarina – UNOESC. Orientador: Prof. Edson Pilger Dias Sbeghen.

Dardot, P., & Laval, C. (2016). *A nova razão do mundo: ensaio sobre a sociedade neoliberal.* São Paulo: Boitempo.

Demarzo, M. M. P., & Aquilante, A. G. (2008). Saúde escolar e escolas promotoras de saúde. In: *Programa de Atualização em Medicina de Família e Comunidade.* Porto Alegre: Artmed. vol. 3, pp. 49-76.

Dutra, E. (2010). Suicídio no Brasil: estratégias de prevenção e intervenções. In Hutz, C. (Org.), *Avanços em Psicologia Comunitária e intervenções psicossociais* (pp. 223-264). São Paulo: Casa do Psicólogo.

Estadão conteúdo. O Brasil é o país mais ansioso do mundo, segundo a OMS. Revista Exame, São Paulo, 2021. Disponível em: https://exame.com/ciencia/brasil-e-o-pais-mais-ansioso-do-mundo-segundo-a-oms/. Acesso em: 27 set 2021.

Estellita-Lins, C. (2018). O suicídio está associado, inclusive, à crise socioeconômica que nosso país atravessa. *EPSJV/Fiocruz.* https://www.epsjv.fiocruz.br/noticias/entrevista/o-suicidio-esta-associado-inclusive-a-crise-socioeconomica-que-nosso-pais

Estellita-Lins, C. (2018). Carlos Estellita-Lins: 'Suicídio está associado à crise social-econômica'. ABRASCO. https://www.abrasco.org.br/site/noticias/saude-da-populacao/carlos-estellita-lins-o-suicidio-esta-associado-inclusive-crise-social-economica-que-o-mundo-vive/37208/

Phillips, D. (1977). Motor vehicle fatalities increase just after publicized suicide stories. *Science, 196*(4297), 1464-1466. https://doi.org/10.1126/science.867044

Ferreira, J. L. (2019). Foucault, governamentalidade neoliberal e subjetivação. Psicologia: Teoria e Pesquisa, v.35. https://doi.org/10.1590/0102.3772e35512.

Flauzina, A. L. P. (2006). Corpo negro caído no chão: o sistema penal e o projeto genocida do Estado brasileiro. 2006. 145 f. Dissertação (Mestrado em Direito)- Universidade de Brasília, Brasília.

Focássio, F., Conchon, J. A., & Lorenzetti, V. (1989). "CVV- Uma Proposta de Vida". São Paulo: EDITORA ALIANÇA.

Foucault, M. (2008). Segurança, território, população. Curso dado no Collège de France (1978-1979). São Paulo: Martins Fontes.

Foucault, M. (2018). Em defesa da sociedade. (3ª ed.). São Paulo: WMF Martins Fontes.

Foucault, M. (2017). História da sexualidade - a vontade de saber. (6º). Rio de Janeiro/São Paulo: Paz & Terra.

Foucault, M. (2016). Subjetividade e Verdade: Curso no Collège de France (1980-1981). São Paulo: Editora WMF Martins Fontes.

Foucault, M. (2015a). Arqueologia do saber. (8ª ed.) Rio de Janeiro: Forense Universitária.

Foucault, M. (2015b). Microfísica do poder. (2ª ed.). Rio de Janeiro/São Paulo: Paz & Terra.

Foucault, M. (2013). Conversa com Michel Foucault. In: ___. Repensar a política. Ditos & Escritos VI. (3ª ed.) Rio de Janeiro: Forense.

Foucault, M. (2011) Microfísica do poder. (8ª ed.) Rio de Janeiro/São Paulo: Paz & Terra.

Foucault, M. (2008). Segurança, território e população: Curso no Collège de France: 1977 – 1978. WMF Martins Fontes.

Foucault, M. (1996). A ordem do discurso. (3º ed). São Paulo: Editora Loyola.

Fukumitsu, K. O., & Kovács, M. J. (2015). O luto por suicídios : uma tarefa da posvenção. *Revista Brasileira de Psicologia, 2*(2), 41-47. http://revpsi.org/wp-content/uploads/2015/12/Fukumitsu-Kov%C3%A1cs-2015-O-luto-por-suic%C3%A-Ddios-uma-tarefa-da-posven%C3%A7%C3%A3o.pdf

Fukumitsu, K. O., & Kovács, M. J. (2016). Especificidades sobre processo de luto frente ao suicídio. *Psico, 47*(1), 3-12. https://doi.org/10.15448/1980-8623.2016.1.19651

Fukumitsu, O. K. (2013). *Suicídio e luto: Histórias de filhos sobreviventes.* São Paulo: Digital Publish&Print.

Frazão, P. (2006). História do suicídio e teorias sobre o suicídio. Trabalho apresentado na conferência "O Suicídio na PSP – Causas e Medidas de Prevenção", organizada pelo Instituto Superior de Ciências Policiais e Segurança Interna no dia 13 de Dezembro de 2006.

Garcia, G. (2018) *Sobre viver: como ajudar jovens e adolescentes a sair do caminho do suicídio.* São Paulo: Benvirá.

GOETHE, J. W.(2010). *Os sofrimentos do Jovem Werther*. Porto Alegre: Martin Claret.

Gomide, A. P. d. Á. (2013). Notas sobre suicídio no trabalho à luz da teoria crítica da sociedade. *Psicologia: Ciência e Profissão, 33*(2), 380-395. https://doi.org/10.1590/s1414-98932013000200010

Hennigen, I., Walter, B. E. P., & Paim, G. M (2017). Consumo, Dinheiro e Diferenciações Sociais: Ditos de Jovens em uma Pesquisa-Intervenção. *Psicologia: Ciência e Profissão*, 37(3), 711-724. https://doi.org/10.1590/1982-3703003412016.

Hennigen, I. (2019). Endividado, Devo: Governo da vida pelas finanças. *Fórum Linguístico* 16(3), 3953-3965.http://dx.doi.org/10.5007/1984-8412.

Hypeness, (2018). Sem previdencia pública Chile tem número recorde de suicídio de idoso. https://www.hypeness.com.br/2018/08/sem-previdencia-publica-chile-tem-numero-recorde-de-suicidio-de-idosos/

Hooff, V. A. J. L. (2002). *From autothanasia to suicide: self-killing in classical*. London: Francis e-Library.

Jamison, K.R. (2002). *Quando a noite cai: Entendendo o suicídio*. Rio de Janeiro: Gryphus.

Just, M. A., Pan, L., Cherkassky, V. L., McMakin, D. L., Cha, C., Nock, M. K., & Brent, D. (2017). Machine learning of neural representations of suicide and emotion concepts identifies suicidal youth. *Nature Human Behaviour, 1(12)*, 911-919. https://doi.org/10.1038/s41562-017-0234-y

Katz, I., & Dunker, C. L. (n. d.). Clínica do Cuidado nas Margens do Rio Xingu Uma Intervenção Psicanalítica junto à População Ribeirinha atingida por Belo Monte. http://www.sedes.org.br/Departamentos/Psicanalise/arquivos_comunicacao/CLINICADOCUIDADO.pdf

Dunker, C. I. L., & Fragelli, I. K. Z. (2018). *A clínica do cuidado*: intervenção com a população ribeirinha do Xingu atingida por Belo Monte. São Paulo: Instituto de Psicologia. Universidade de São Paulo. https://www.youtube.com/watch?v=S_FS_gjUpOE&t=3935s

Kilomba, G. (2019). *Memórias da plantação: Episódios de racismo cotidiano*. Cobogó.

Kastrup, V. (2019). A atenção cartográfica e o gosto pelos problemas. *Polis e Psique;* 20 ANOS DO PPGPSI/UFRGS, 99-106. http://dx.doi.org/10.22456/2238-152x.97450

Kastrup, V. (2012). O funcionamento da atenção no trabalho do cartógrafo. In Passos, E., Kastrup, V., & Escóssia, L. da (Org.), *Pistas do método da cartografia:* pesquisa-intervenção e produção de subjetividade (pp. 32-51). Porto Alegre: Sulina.

Kastrup, V. & Passos, E. (2013). Cartografar é traçar um plano comum. *Fractal: Revista de Psicologia*, 25(2), 263-280. https://doi.org/10.1590/S1984-02922013000200004.

Kastrup, V.; Barros, L. P. da.(2012). Movimentos-funções do dispositivo na prática da cartografia. In Passos, E., Kastrup, V., & Escóssia, L. (Org.), *Pistas do método da cartografia:* pesquisa-intervenção e produção de subjetividade (pp. 76-91). Porto Alegre: Sulina.

Kayser, E. (2019). Neoliberalismo e necropolítica. *Revista IHU on-line.* São Leopoldo. http://www.ihu.unisinos.br/595098-neoliberalismo-e-necropolitica

LabCon, (2018). 13 Reasons Why – Análise Transmidiática. http://labcon.fafich. ufmg.br/13-reasons-why-analise-transmidiatica/.

Lazzarato, M. (2017). *O governo do homem endividado.* São Paulo: N-1 Edições.

Leavell, S., & Clarck, E. G. (1976). *Medicina Preventiva.* São Paulo: McGraw-Hill.

Lessa, M. B. M. F. (2017). Um Estudo Sobre a Moralização Do Suicídio. IFEN –

Instituto de Psicologia Fenomenológico-Existencial do Rio de Janeiro. https:// sepq.org.br/eventos/vsipeq/documentos/87287790700/10

Lemos, F. C. S., & Galindo, D. C. G. (2013). Massacre e resistência Kaiowá e Gua-rani: interrogações às Psicologias nos traçados do intolerável. *Psicologia: Ciência e Profissão.* 33(4), 976-987. https://doi.org/10.1590/S1414-98932013000400015.

Lopes, F. H., & Marquetti, F. C. (2019). Suicídio, seus sentidos histórico-sociais e o sofrimento humano. *Revista M. Estudos Sobre a Morte, Os Mortos E O Morrer,* 4(7), 5-7. https://doi.org/10.9789/2525-3050.2019.v4i7.5-7.

Lopes, F. H. (2013). Reflexões históricas sobre os suicídios: saberes, biopolítica e subjetivação. *Artcultura, 14*(24), 185-203. https://seer.ufu.br/index.php/artcultura/ article/view/22130.

Lopes, F. H. (2011). Vida, morte e suicídio como preocupações da biopolítica. *Anais do XXVI Simpósio Nacional de História – ANPUH.* São Paulo. http://www.snh2011. anpuh.org/resources/anais/14/1299801864_ARQUIVO_Artigo.ANPUH.2011.pdf.

Lopes, F. H. (2003) A experiência do suicídio: discursos médicos no Brasil, 1830-1900. 223 p. Tese (doutorado) - Universidade Estadual de Campinas, Instituto de Filosofia e Ciências Humanas, Campinas, SP. http://www.repositorio.unicamp. br/handle/REPOSIP/279867.

Loureiro, P.R.A., Moreira, T. B., & Sachsida, A. (2013). Os efeitos da mídia sobre o suicídio: uma análise empírica para os estados brasileiros. *Ipea.* http://repositorio. ipea.gov.br/bitstream/11058/2264/1/TD_1851.pdf.

Marquetti, F. C. (2015). O suicídio e sua essência transgressora. *Psicologia USP, 25*(3), 237-245. https://doi.org/10.1590/0103-6564d20140006.

Mbembe, A. (2018). *Necropolítica.* São Paulo: N-1 Edições.

Mac Gregor, H. C. (2013). Necropolítica: la política como trabajo de muerte. *Revista ábaco,* 4(78), 23-30.

Meleiro, A. (2021). Prefácio. In Karen S., Daniela R. e S. (Orgs.), *Atualizações em Suicidologia: Narrativas, Pesquisas e Experiências.* São Paulo: Instituto Vita Alere.

Minayo, M. C. d. S., & Cavalcante, F. G. (2010). Suicídio entre pessoas idosas: revisão da literatura. *Revista de Saúde Pública,* 44(4), 750-757. https://doi.org/10.1590/ S0034-89102010000400020 .

Minayo, M. C. de S. (2006). Visão antropológica do envelhecimento humano. In SESC. Velhices: reflexões contemporâneas. São Paulo: Sesc/PUC-SP.

Minois, G. (2018). *História do suicídio no ocidente.* São Paulo: Editora Unesp.

Navasconi, P. P. (2018). *Vida, adoecimento e suicídio: racismo na produção do conhecimento sobre jovens Negros(as) LGBTTIs.* Belo Horizonte: Editora Letramento.

Narciso, A. (2017). Os Pais De 13 Reasons Why Comentam Sobre A Sensibilidade E O Impacto Da Série. http://friendsofriviera.uk/os-pais-de-13-reasons-why-comentam-sobre-sensibilidade-e-o-impacto-da-serie/.

Netto, N. B. (2013). Suicídio: uma questão de saúde pública e um desafio para a psicologia clínica. In. Conselho Federal de Psicologia (Org.), *O Suicídio e os Desafios para a Psicologia / Conselho Federal de Psicologia.* (pp.15-24). Brasília: CFP.

Nordt, C., Warnke, I., Seifritz, E., & Kawohl, W. (2015). Modelling suicide and unemployment: a longitudinal analysis covering 63 countries, 2000–11. *The Lancet Psychiatry, 2*(3), 239-245. https://doi.org/10.1016/S2215-0366(14)00118-7

Organização Mundial da Saúde. (OMS). (2000a). Prevenção do suicídio: um manual para profissionais da mídia. https://www.who.int/mental_health/prevention/ suicide/en/suicideprev_media_port.pdf.

Organização Mundial da Saúde. (2000b). Prevenção do suicídio: um manual para profissionais da saúde em atenção primária. *Genebra*. https://www.who.int/mental_health/prevention/suicide/en/suicideprev_phc_port.pdf

Organização Mundial da Saúde. (1969a). Étude internationale des déspenses de santé - ;Leur incidnce sur la planification des services médio-sanitaires. https://apps.who.int/iris/bitstream/handle/10665/37855/WHO_PHP_32_fre.pdf?sequence=1&isAllowed=y

Organização Mundial da Saúde. (1969b). *Prevenção del Suicidio*. https://apps.who.int/iris/bitstream/handle/10665/37857/WHO_PHP_35_spa.pdf.

Conferência internacional sobre promoção da saúde. (2002). 1., 1986, Ottawa. *Carta de Otawa*. In Brasil. Ministério da Saúde. Secretaria de Políticas de Saúde. Projeto Promoção da Saúde. *As cartas da promoção da saúde*. Brasília, DF. http://bvsms.saude.gov.br/bvs/publicacoes/cartas_promocao.pdf.

Pelbart, P. P. (2016). *O avesso do niilismo: cartografias do esgotamento*. São Paulo: N-1 Edições.

Pelbart, P. P. (2008). Vida e Morte em Contexto de Dominação Biopolítica. *IEA/USP*. http://www.iea.usp.br/publicacoes/textos/pelbartdominacaobiopolitica.pd

Pereira, Y. A. (2015). *Memórias de um suicida*. (27ª ed.). Brasília: FEB.

Peters, G. (2020). O anti-Durkheim: por uma análise culturalista do suicídio. *Revista Brasileira de Ciências Sociais*, 35(104). https://doi.org/10.1590/3510419/20.

Phillips, D. (1977). Motor vehicle fatalities increase just after publicized suicide stories. *Science*. (4297), 1464-1466. https://doi.org/10.1126/science.867044

Phillips, D. P. (1974). The influence of suggestion on suicide: substantive and theoretical implications of the Werther effect. *American sociological review*, 39(3), 340-354. http://dx.doi.org/10.2307/2094294

Prado, K. F. (2012). Historicizar. In Fonseca, T. M. G., Nascimento, M. L. d. & Maraschin, C. (Org.), *Pesquisar na diferença: Um abecedário* (p. 123). Porto Alegre: Sulina.

Mendes, I. (2014). *Camilo Castelo Branco: A Filha do Doutor Negro*. São Paulo: Poeteiro Editor Digital.

Palhares, P. A., & Bahls, S. C. (2003). O Suicídio nas civilizações: uma retomada histórica. *Revista Arquivos Brasileiros de Psiquiatria, Neurologia e Medicina Legal*. 97(84-85). http://www.aperjrio.org.br/publicacoes/revista/2003/suicidio.asp

Pan American Health Organization (PAHO). (2021). Suicide prevention must be prioritized after 18 months of COVID-19pandemic, says PAHO. https://www.paho. org/en/news/9-9-2021-suicide-prevention-must-be-prioritized-after-18-months-covid-19-pandemic-says-paho

Puente, R. F. (Org.) (2008).Os filósofos e o suicídio. Belo Horizonte: Editora UFMG.

Rogers, C. (2001). Sobre o poder pessoal. (Penteado, W. Trad.). São Paulo: Marins Fontes.

Rolling Stone. (2019). Algoritmo da Vida: Com ajuda dos diários de Kurt Cobain, projeto busca sintomas de depressão nas redes sociais para a prevenção do suicídio. https://rollingstone.uol.com.br/noticia/algoritmo-da-vida-com-ajuda-diarios--kurt-cobain-projeto-busca-sintomas-de-depressao-nas-redes-sociais-para-pre-vencao-do-suicidio

Rolnik, S. (2018). *Esfera da insurreição: notas para uma vida não cafetinada.* São Paulo: n-1 edições.

Safatle, V, Silva-Junior, N. da, & Dunker C. (2020). *Neoliberalismo como gestão do sofrimento psíquico.* eBookKindle.

Santos, D. D. d. (2015). Centro de Valorização da vida previne suicídio. https://www.febnet.org.br/wp-content/uploads/2017/04/Entrevista.pdf

Saggese, A. (2001) "Pai" mundial do CVV critica rumo da ONG. https://www1.folha.uol.com.br/fsp/mundo/ft2406200106.htm

SBEGHEN, E. P. D. (2015). Uma compreensão fenomenológica da vivência dos enlutados do suicídio. http://www.ppi.uem.br/arquivos-para-links/teses-e-dissertacoes/2015/edson-p.

Scliar, M. (2007). História do conceito de saúde. *Physis: Revista de Saúde Coletiva. 17*(1), 29-41. https://doi.org/10.1590/S0103-73312007000100003

Scliar, M. (2008). O nascimento da melancolia. *Ide, 31*(47), 133-138. ISSN 0101-3106.

Setembroamarelo. (2019). História – Setembro Amarelo – Mês da prevenção do suicídio. Recuperado de http://www.setembroamarelo.org.br/historia/.

Souza, M. A. R. de, Wall, M. L., Thuler, A. C. de M. C., Lowen, I. M. V., & Peres, A. M. (2018). O uso do software IRAMUTEQ na análise de dados em pesquisas qualitativas. *Rev Esc Enferm USP.* 52(1). https://doi.org/10.1590/S1980-220X2017015003353

Stack, S., Krysinska, K., & Lester, D. (2008). Gloomy Sunday: Did the "Hungarian Suicide Song" Really Create a Suicide Epidemic? *OMEGA - Journal of Death and Dying, 56*(4), 349-358. https://doi.org/10.2190/om.56.4.c

Stewart, W. (2017). Homem que inventou o 'jogo' suicida da Baleia Azul para crianças diz que suas vítimas que se matam são 'lixo biológico' e que ele está 'limpando a sociedade'. *Mail Online.* https://www.dailymail.co.uk/news/article-4491294/Blue-Whale-game-mastermind-says-s-cleansing-society.html

Shakespeare, W. (1603). *A trágica História de Hamlet Príncipe da Dinamarca.* eBooks-Brasil. http://www.ebooksbrasil.org/adobeebook/hamlet.pdf

Szasz, T. S. (2002). *Libertad fatal - ética y política del suicídio.* Spaña: Paidos Iberica Ediciones S A

Thompson, S. (2002). Suicide and the internet. *Psychiatric Bulletin, 25*(10), 400. https://doi.org/10.1192/pb.25.10.400-a

Veiga-Neto, A. (2016). *Foucault & a Educação.* (3ª ed.) Belo Horizonte: Autêntica.

Veiga-Neto, A. (2009). Teoria e método em Michel Foucault (im) possibilidades. *Cadernos de Educação,* 34 (83-94). DOI.ORG/10.15210/CADUC.V0I34.1635

Villen, G. (2018). Enfrentar o tabu do suicídio foi o desafio do fórum permanente: *NEPO -Estudos de População.* https://www.cocen.unicamp.br/noticias/id/390/enfrentar-o-tabu-do-suicidio-foi-o-desafio-do-forum-permanente.

Visentini, P. F. (2012). *A Primavera Árabe Entre a Democracia e a Geopolítica do Petróleo.* Porto Alegre: Leitura XXI.

Walsh, C. G., Ribeiro, J. D., & Franklin, J. C. (2017). Predicting Risk of Suicide Attempts Over Time Through Machine Learning. *Clinical Psychological Science, 5*(3), 457-469. https://doi.org/doi:10.1177/2167702617691560.

Warmling, A. N. (2011). *1985-2010 CVV Blumenau 25 anos valorizando a vida.* (2ª ed.). Nova letra.

Werlang, B. G., & Botega, N. J. (2004). *Comportamento suicida.* Porto Alegre: Artmed Editora.

Word Health Organization (WHO) (2002). SUPRE_Suicide Prevention Program. www.who.int/mental_health/prevention/suicide/suicideprevent/en/.

Word Health Organization (WHO)(2008). *Preventing Suicide - A Resource for Media Professionals. World Health Organization.* Geneva. https://apps.who.int/iris/bitstream/handle/10665/43954/9789241597074_eng.pdf?sequence=1.

Word Health Organization (WHO) (2017). *Preventing suicide: a resource for media professionals Update 2017 International.* Geneva. https://apps.who.int/iris/bitstream/handle/10665/258814/WHO-MSD-MER-17.5-eng.pdf?sequence=1

Word Health Organization (WHO) (2014). Preventing suicide: a global imperative. World Health Organization. https://apps.who.int/iris/handle/10665/131056.